Kira Brenner
Gerd Brenner

Meine **5.+6. Klasse** *organisieren*

Über 50 Ideen, Vorlagen und Checklisten

Cornelsen

Die Autoren des Bandes:
Kira Brenner ist Lehrerin für die Fächer Mathematik und Sozialwissenschaften an einem Gymnasium und Autorin von didaktischen Fachbüchern und Lernhilfen im Bereich Mathematik.

Dr. Gerd Brenner war bis 2015 Erprobungsstufenkoordinator sowie Lehrer für Deutsch und Englisch an einem Gymnasium; daneben war er Moderator für Lehrerfortbildung, hat an führenden Lehrwerken für den Deutschunterricht mitgewirkt und ist Autor von didaktischen Fachbüchern und Lernhilfen.

Projektleitung: Franziska Wittwer, Berlin
Redaktion: Birte Meyer, Berlin
Umschlagkonzeption/-gestaltung: Ungermeyer, Berlin
Umschlagfoto: Fotolia © Jan Engel
Illustration: Dorina Tessmann, Berlin
Layout / technische Umsetzung: LemmeDESIGN, Berlin

www.cornelsen.de

3. Auflage, 3. Druck 2023

Druck: H. Heenemann, Berlin

ISBN 978-3-589-15037-3

PEFC zertifiziert
Dieses Produkt stammt aus nachhaltig bewirtschafteten Wäldern und kontrollierten Quellen.

www.pefc.de

Inhalt

Übersicht der Kopiervorlagen

Vorwort

Die Leitung einer 5. Klasse zu übernehmen, am Anfang in die erwartungsvollen Augen der Kinder zu schauen, ihnen an der neuen Schule zu helfen, gemeinsam einen Weg in die Welt des Wissens und Könnens zu finden und sie zugleich zu einer Lerngemeinschaft zu formen, die jedem einzelnen Kind Verlässlichkeit und Schutz bietet – das ist ein Höhepunkt Ihrer beruflichen Tätigkeit, aber zunehmend auch eine wachsende Herausforderung. Denn die Rahmenbedingungen des schulischen Lernens sind in jüngster Zeit nicht einfacher, die Aufgaben für Klassenlehrer vielfältiger und zeitraubender geworden.

Damit Sie Ihrem Beruf souverän und einigermaßen entspannt nachgehen können, haben wir einen Ratgeber für den pädagogischen Alltag, aber auch für die vielen Besonderheiten des Schuljahres zusammengestellt, der Ihnen für die Klassen 5 und 6 eine zügige Orientierung erlaubt und viel Entlastung bietet. Der Band ist auf das Know-how für Klassenlehrer konzentriert. Er erspart Ihnen damit mühsame Recherchen in der thematisch meist viel breiter gestreuten Fachliteratur. Die Sammlung praktischer Hinweise und kreativer Ideen soll Ihnen helfen, ein Konzept für Ihre Klasse zu entwickeln, interessante Impulse für Ihre Klasse 5 oder 6 parat zu haben, die Eltern dabei klug einzubinden, das Schulprogramm sinnvoll zu nutzen und auch für mögliche Konflikte in Ihrer Klasse gewappnet zu sein.

Im Mittelpunkt stehen die Schüler. Für Ihre anspruchsvolle Tätigkeit als Klassenlehrer erhalten Sie in diesem Band in kompakter und systematischer Form vielerlei Reflexionsanstöße und praktische Handlungsvorschläge. Sie erhalten viele Hinweise, wie es Ihnen als Lehrer gelingt,

- Ihren Schülern – auch als Klassengemeinschaft – Aufgaben zu stellen, an denen sie wachsen können, die sie herausfordern, aber nicht überfordern,
- dass Ihre Schüler Vorbilder finden, die ihnen Orientierung geben,
- dass sie alle zusammen eine Gemeinschaft bilden, in der sie sich aufgehoben fühlen.

Die rechtlichen Rahmenbedingungen von Schulen sind in den Landesschulgesetzen geregelt. Die gesetzlichen Bestimmungen unterscheiden sich zum Teil von Bundesland zu Bundesland und sind insgesamt sehr vielfältig. Exemplarisch wird in diesem Band auf die Rechtsgrundlagen des bevölkerungsreichsten Bundeslandes Nordrhein-Westfalen Bezug genommen. Die Praxistipps lassen sich aber auch leicht auf die Schulgesetze anderer Bundesländer übertragen.

Gerd Brenner und Kira Brenner

PS: Aus Gründen der besseren Lesbarkeit wird in diesem Buch im Folgenden durchgehend die männliche grammatische Form verwendet. Natürlich sind damit auch immer Frauen und Mädchen gemeint, also Lehrerinnen, Schülerinnen usw.

1 Die Klassenleitung

Viele Schulen entscheiden sich nach wie vor für die klassische Variante: Ein **einzelner Lehrer** übernimmt die Klassenleitung, vertreten und unterstützt von **einem Stellvertreter.** In den Erzählungen von Schülern ist der Klassenlehrer auch noch nach Jahrzehnten immer wieder ein Thema; die Rede ist dann häufig z. B. von der „Schneider-Klasse" oder der „Müller-Klasse". Das zeigt, dass viele dieser Klassenlehrer einen bleibenden Eindruck hinterlassen haben und dass sie mit ihrem pädagogischen Konzept, ihren Ritualen und ihrer Form des personalen Bezugs für die Schüler prägend gewesen sind. In diesem Modell erfüllt der Klassenlehrer alle wesentlichen Funktionen der Klassenleitung; der Stellvertreter springt besonders dann ein, wenn der Klassenlehrer abwesend ist (z. B. krankheitsbedingt).

Möglich ist auch, dass die Klassenleitung von einem **Team** übernommen wird, das in der Regel aus zwei Personen besteht. Die Mitglieder des Klassenleitungsteams teilen die Funktionen und Aufgaben ausgewogen unter sich auf und vertreten sich wechselseitig. Sie tauschen regelmäßig Informationen und Eindrücke aus und sind somit prinzipiell immer auf dem gleichen Reflexionsstand, was die Entwicklung „ihrer" Klasse anbetrifft. Die Schüler erleben Teamarbeit bei den Lehrern und können sich diese zum Vorbild für die eigene Arbeitsorganisation nehmen. Das Team-Modell stützt also kooperative Lernformen. Wen die Schüler bei persönlichen Sorgen, bei Konflikten oder bei Lernschwierigkeiten ansprechen wollen, bleibt ihnen überlassen.

Viele Schulleitungen versuchen, sowohl die Kombination Klassenlehrer und Stellvertreter als auch das Klassenleitungsteam **gemischtgeschlechtlich** zu besetzen. Das hat den Vorteil, dass Jungen und Mädchen zwischen einer weiblichen und einer männlichen Bezugsperson wählen können und einen Mann und eine Frau als gleichberechtigt und gleich kompetent erleben.

1.1 Funktionen und Aufgaben in den Klassen 5 und 6

In den allerersten Wochen des neuen Schuljahres stellen Sie entscheidende Weichen dafür, dass Ihre Klasse sich in die gewünschte Richtung entwickelt. Die sozialen Dynamiken der Klasse gilt es reflektiert zu beeinflussen. Leitlinien dabei sind: möglichst bald die Verantwortung teilen, partizipative Strukturen schaffen und Verbindlichkeiten herstellen. Sie übernehmen die Verantwortung für die soziale Architektur Ihrer Klasse. Schon nach kurzer Zeit sind Fehlentwicklungen nur mit Mühe oder kaum noch zu reparieren. Seien Sie sich als Klassenlehrer einer Klasse 5 deshalb der folgenden Aufgaben besonders bewusst:

- Gestalten Sie in der wichtigen Anfangsphase an der weiterführenden Schule einen **verlässlichen, lernförderlichen personalen Bezug** zwischen sich und den Schülern. Damit bewirken Sie einen möglichst sanften Übergang von der Grundschule in die Sekundarstufe I (vgl. Kapitel 2.1). Diese Gestaltungsaufgabe betrachten viele Lehrer als die Königsdisziplin der Klassenlehrertätigkeit.
- Die Schüler kommen aus verschiedenen Grundschulen und Grundschulklassen mit zum Teil sehr disparaten Vorerfahrungen in die neue Klasse. Sorgen Sie dafür, dass die Schüler in wenigen Wochen zu einer **Klassengemeinschaft** und auch zu einer **Lerngemeinschaft** zusammenwachsen und dass dabei – schon in Klasse 5 – einige demokratische Strukturen etabliert werden. Finden Sie dafür zusammen mit den Schülern geeignete Rituale und Regeln und sorgen Sie für deren Einhaltung (vgl. Kapitel 5). In der Klasse eingeführte Regeln und Rituale sollten mit den Prinzipien

des Schulprogramms übereinstimmen. Geben Sie den Kindern in den Klassen 5 und 6 noch besondere **Hilfen, um das Lernen zu lernen** (vgl. Kapitel 6.1). Entwickeln Sie in Ihrer Klasse außerdem **unterstützende Strukturen**, die den Kindern Sicherheit geben (vgl. Kapitel 6.2).

- Beziehen Sie die in der Klasse unterrichtenden **Kollegen** immer wieder angemessen in das Zusammenwachsen der Klasse und ihre Entwicklung ein.
- Für die Eltern der Kinder ist der Übergang von einer Schule in eine andere eine spannende Phase, in der sie oft Sorgen und Befürchtungen, aber auch Hoffnungen und Erwartungen äußern. Versuchen Sie, die Eltern so intensiv wie vermutlich nie mehr in den nächsten Jahren in Ihre Arbeit mit einzubeziehen und gewinnen Sie sie als Partner und Begleiter in Ihrer Arbeit mit den Kindern (vgl. Kapitel 8).
- Die Gestaltung des **Klassenraums** ist Ihre ureigenste Aufgabe. Dazu zählen eine sinnvolle Sitzordnung (vgl. Kapitel 4.1) ebenso wie funktionale und atmosphärisch ansprechende Wände und schließlich die Gestaltung des didaktischen „Aufmerksamkeitszentrums" der Klasse: Tafel, Whiteboard und deren Umgebung (vgl. Kapitel 4).

1.2 Die besondere Rolle der Klassenleitung in Klasse 5

Die Kinder werden versuchen, möglichst schnell eine **persönliche Beziehung** zu Ihnen aufzubauen. Nie mehr wird die persönliche Zuwendung der Schüler so intensiv sein wie zu Beginn der 5. Klasse. Grund dafür ist, dass die Kinder in der Grundschule eine Klassenleitung erlebt haben, die sich mit viel Zuwendung auf ihre Alltagssorgen eingelassen hat, die sie viele Stunden unterrichtet und in die Welt des Lernens eingeführt hat und die eine zentrale Bezugsperson für sie gewesen ist. In den ersten Wochen werden die Kinder vermutlich ab und zu kurz von „ihren" Klassenlehrern aus der Grundschule erzählen. Daran können Sie erkennen, wie stark die Schüler von den Klassenlehrern ihrer ersten vier Schuljahre geprägt worden sind. Die Sicherheit des personalen Bezugs, die es in der Grundschule gab, haben sie mit dem Wechsel zur weiterführenden Schule aufgeben müssen. Die Kinder möchten dieses Gefühl der Sicherheit nun schnell wiedergewinnen. Als neuer Klassenlehrer sollten Sie sich deshalb bewusst sein, dass Sie wesentlich dazu beitragen können, dass die Schüler sich wohlfühlen.

Die **strukturellen Voraussetzungen für einen umfassenden personalen Bezug** sind an der weiterführenden Schule allerdings nur in eingeschränktem Maße gegeben. Als Klassenlehrer unterrichten Sie in Ihrer neuen Klasse vermutlich deutlich weniger Stunden als der Klassenlehrer der Grundschule. Dies sollten Sie mit den Kindern besprechen und darauf hinweisen, dass Ihre Rolle zwar durchaus Ähnlichkeiten mit der des Klassenlehrers der Grundschule aufweist, dass die Kinder jetzt aber schon „Schüler-Profis" sind, von denen nun erwartet werden kann, dass sie sich mit Fragen und Problemen nicht ausschließlich an den Klassenlehrer, sondern auch an die anderen in der Klasse unterrichtenden Lehrer wenden. In manchen Fällen werden die Aufgaben des Klassenlehrers auf mehrere Schultern verteilt (Klassenleitung im Team); dennoch werden sich die Schüler bei ihrem Beziehungsaufbau zunächst besonders auf eine Lehrperson konzentrieren.

Nicht selten **konkurrieren** die Schüler miteinander, wenn es um die Zuwendung und Aufmerksamkeit des Klassenlehrers geht. Oft drängen sich dabei redegewandte Schüler in den Vordergrund. Einige werden versuchen, Ihre Aufmerksamkeit allein auf sich zu ziehen. Sie sollten darauf achten, dass Sie – besonders in Pausengesprächen – persönliche Kontakte zu einer Reihe von Schülern aufnehmen und dass diese Kontaktaufnahmen sich rasch auf alle Schüler der Klasse ausdehnen. Damit Sie in der Anfangsphase der Klasse 5 die Kontrolle über die Intensität der Kontaktaufnahmen behalten, empfiehlt sich ein Kontakt-Monitoring, mit dem Sie sich regelmäßig – zum Beispiel wöchentlich – kurz vergewissern, ob die Kontaktaufnahmen zu *allen* Schülern zufriedenstellend verlaufen oder ob Sie nachsteuern müssen.

Kontakt-Monitoring

Kontakt-Monitoring KV 1

Schüler/in	… hat selbst Kontakt aufgenommen.	… nimmt viel Lehrerzeit in Anspruch.	Gezielte Kontaktaufnahme erforderlich.

KV 1

Ein weiterer Aspekt, der am Anfang von Klasse 5 zu beachten ist, ist die neue **Genderspezifik** des personellen Angebots an der weiterführenden Schule. An Grundschulen unterrichten überwiegend weibliche Lehrkräfte. Insbesondere Jungen vermissen an Grundschulen oft die männlichen Gesprächspartner und entsprechenden Identifikationsangebote. Das ändert sich (graduell) an den weiterführenden Schulen. Einen Klassenlehrer zu haben, ist für viele Jungen eine ganz neue Erfahrung. Daher entwickeln insbesondere Jungen, aber auch Mädchen am Anfang von Klasse 5 ein besonderes Interesse daran, wie ein Mann seine Klassenlehrerrolle gestaltet. Zum Beispiel reagieren Klassenlehrer aufgrund ihrer eigenen Erfahrungen in der Kindheit entspannter auf Raufereien unter Jungen, weil sie eher geneigt sind, in einer solchen Situation ein genderspezifisches Spielverhalten zu sehen. Lehrerinnen dagegen verspüren meist schneller den Drang, Raufereien als „Gewalt“ einzuordnen und auch dann regulierend einzugreifen, wenn es für die Beteiligten nur „Spaß“ ist. Allerdings sollten Lehrer darauf achten, dass die Grenze zwischen Spaß und Ernst in Jungencliquen geklärt ist.

2 Vor dem Start

Schulen nutzen inzwischen viele Möglichkeiten, den Grundschülern den Weg in die weiterführende Schule zu ebnen und ihnen den Übergang in ein meist viel größeres System zu erleichtern. Häufig wird einige Monate oder Wochen vor dem Anmeldetermin zum **Tag der offenen Tür**, zum **„Schnupperlernen"** oder zum **Experimentiernachmittag** eingeladen. Diese Termine helfen dabei, den Schülernachwuchs für die Schule zu sichern. Oft werden die Grundschüler bei diesen Terminen von ihren Eltern begleitet, sodass auch sie sich vom Potenzial der neuen Schule überzeugen können.

2.1 Kennenlernnachmittag

Der Kennenlernnachmittag ist der Termin, bei dem Sie als zukünftiger Klassenlehrer erstmals selbst ins Spiel kommen. Er wird angeboten, wenn die Kinder an der neuen Schule angemeldet sind. Wenn die Klassenleitungen für das kommende Schuljahr früh genug feststehen, können sich die Viertklässler beim Kennenlernnachmittag nicht nur mit ihren Mitschülern, sondern auch schon mit dem Klassenlehrer und dem Klassenraum vertraut machen. Die Viertklässler kommen also sehr gespannt in die für sie neue Schule. Ein Kennenlernnachmittag kann z. B. die folgenden Elemente umfassen.

Spannende Neuigkeiten

Zunächst strömen alle eingeladenen Schüler z. B. im Foyer vor der Aula zusammen. Sie sind aufgeregt und neugierig, wer in ihrer Klasse sein wird und ob ihnen der neue Klassenlehrer gefällt. Bereits vor Beginn der Veranstaltung können die Geheimnisse gelüftet werden: Auf großen Listen, die an verschiedenen Stationen im Foyer ausgehängt werden können, wird die **Zusammensetzung der neuen Klassen** des kommenden Schuljahres bekannt gegeben. Die Schüler wandern durch den Raum, bis sie ihren Namen auf einer der Listen entdeckt haben. **Als neuer Klassenlehrer** stehen Sie ganz in der Nähe „Ihrer" Liste und begrüßen Ihre neuen Schüler persönlich. Vielleicht bleibt Ihnen noch Zeit, sich auch mit den Eltern der Schüler kurz bekannt zu machen. Einige Schulen verteilen bei dieser Gelegenheit bunte Luftballons an die neuen Schüler. Als Klassenlehrer teilen Sie die Ballons nach und nach aus, sobald die Schüler an der richtigen Station eintreffen: rote Ballons für die 5a, blaue für die 5b, grüne für die 5c usw. Die Schüler (und ihre Eltern) sind dann einige Zeit damit beschäftigt, die Ballons aufzublasen.

Begrüßung der Neuen

Im Anschluss versammeln sich alle Schüler und Eltern in einem großen Raum der Schule, z. B. in der Aula. Der Schulleiter begrüßt zu Beginn kurz die neuen Mitglieder der Schulgemeinde, eventuell führen die Schüler der aktuellen 5. Klassen etwas auf **(Sketch**, kurze **artistische Zirkusnummer, Musikstück).** Danach sind Sie an der Reihe: Alle Klassenlehrer der zukünftigen 5. Klassen rufen ihre Schüler auf die Bühne und stellen sie anhand einer Liste aus dem Schulsekretariat in alphabetischer Reihenfolge namentlich vor. Auf einer großen Leinwand können dabei nach und nach die **Klassenlisten** mit allen Namen gezeigt werden. Sind alle Kinder auf der Bühne gewesen, gehen Sie mit Ihrer Klasse in ihren zukünftigen Klassenraum.

Erstes Kennenlernen im Klassenraum

Der **Klassenraum** wurde bereits von Ihnen vorbereitet: In der Mitte befindet sich ein großer Sitzkreis; eventuell wurden die Tische aus dem Raum entfernt. Für Sie und auch für die zukünftigen Fachlehrer der Klasse ist es eine große Hilfe, wenn Sie die Schüler recht bald mit Namen ansprechen können. Kleben Sie deshalb Namensschilder der neuen Schüler in alphabetischer Reihenfolge auf jeden Stuhl im Sitzkreis und bitten Sie die Schüler, auf ihrem Stuhl Platz zu nehmen. Eine halbe oder dreiviertel Stunde haben Sie nun Zeit für ein erstes Kennenlernen. Begrüßen Sie die Kinder einzeln und fotografieren Sie jedes Kind im Sitzkreis mit Ihrem Handy. Auf dieser Basis erstellen Sie später eine **Foto-Klassenliste.**

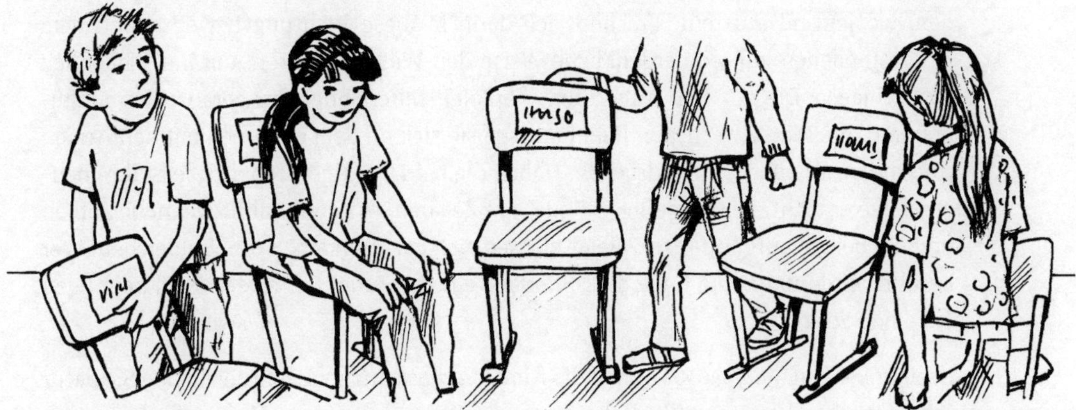

Auch die Schüler können sich miteinander bekannt machen und erfahren sich zum ersten Mal als Klasse. Bereiten Sie dafür ein paar lustige, einfache **Kennenlernspiele** vor, wie z. B. „Blink-Krimi", „Kopie", „Obstsalat" und „Plätze tauschen". Diese Spiele erfordern nur einen minimalen Aufwand, sind schnell umsetzbar und aktivieren im Handumdrehen alle Kinder.

Beim **„Blink-Krimi"** verlässt ein Kind den Raum. Ein zweites Kind wird zum „Mörder" bestimmt. Das herausgeschickte Kind kommt wieder herein und stellt sich als „Detektiv" mitten in den Kreis. Der „Mörder" blinzelt einen anderen an, wenn er gerade nicht im Blickfeld des „Detektivs" ist. Das „Opfer" sackt dann auf dem Stuhl möglichst schnell und theatralisch in sich zusammen. Dies geschieht in einem gewissen zeitlichen Abstand mehrfach hintereinander. Der „Detektiv" muss herausfinden, wer der „Mörder" ist. Ist der „Mörder" ermittelt, werden die Rollen getauscht.

Für das Spiel **„Kopie"** gelten anfangs die gleichen Regeln. Nur handelt es sich nicht um einen „Mörder", sondern um einen „Gymnastiklehrer". Dieser ist das „Original" und macht sitzend in gewissen zeitlichen Abständen bestimmte Körperbewegungen, die von allen anderen, den „Kopien", sofort imitiert werden müssen. Zum Beispiel können Grimassen geschnitten, die Beine auf und ab bewegt oder es kann gewunken werden. Die Körperbewegungen werden vom „Original" immer dann gewechselt, wenn der „Detektiv" das „Original" nicht in seinem Blickfeld hat. Der „Detektiv" muss herausfinden, wer das „Original" ist. Danach kann ein anderer das „Original" sein.

Bei dem Spiel **„Obstsalat"** müssen alle mit einer bestimmten Frage aufgerufenen Spieler ihre Plätze wechseln. Mögliche Fragen:

- Wer wohnt in ...?
- Wer hat weiße/schwarze/... Socken an?
- Wer hat im Januar/Februar/... Geburtstag?
- Wer hat eine Schwester / einen Bruder / mehr als zwei Geschwister?
- Wer liest mindestens ein Buch im Monat/in der Woche?
- Wer hat Gel in den Haaren?
- Wer hat Verwandte im Ausland?
- Wer trinkt gerne Kakao/Apfelsaft/...?
- Wer spielt gerne Theater?

Nach einigen Durchgängen kann einer der benötigten Stühle gesperrt werden, sodass ein Spieler beim Platzwechsel keinen Stuhl mehr findet. Der Spieler ohne Platz muss dann eine weitere Frage stellen.

Für das Spiel **„Plätze tauschen"** nummerieren sich alle im Kreis Sitzenden der Reihe nach durch und merken sich ihre Nummer. Einem Spieler werden die Augen verbunden, danach wird er in die Mitte des Kreises geführt; er ist der „Blinde". Ab jetzt sollte absolute Ruhe herrschen. Der „Blinde" ruft zwei Zahlen auf und versucht herauszufinden, wo jemand aufsteht. Er kann sich dann in diese Richtung bewegen und dem Aufgestandenen auf jede erdenkliche Weise den Weg versperren, um ihn schließlich abzuschlagen. Die per Zahl aufgerufenen Spieler sollten möglichst geräuschlos aufstehen und ihre Plätze wechseln. Dabei müssen sie sich an dem eventuell mit den Armen rudernden „Blinden" vorbeidrücken. Haben die beiden aufgerufenen Spieler ihre neuen Plätze erreicht, bekommt der „Blinde" ein Zeichen, er nennt dann zwei neue Zahlen und die beiden aufgerufenen Spieler müssen sich am „Blinden" vorbeischleichen. Wer berührt wird, nimmt die Rolle des „Blinden" ein. Achtung! Für dieses Spiel benötigen Sie einen Schal!

In einer kleinen Spielpause können die Kinder etwas trinken. Eventuell haben Sie dafür Trinkpäckchen bereitgestellt. Dabei können Sie auch eine erste **Hausaufgabe** verteilen, mit der die Kinder eine weitere Verbindung zu ihrer neuen Klasse herstellen (siehe Kapitel 2.2).

Informationsbroschüre zur neuen Schule

Am Ende der Kennenlernstunde verteilen Sie einige Informationen an die Kinder. Sie übergeben ihnen eine Broschüre, mit der sie wichtige Auskünfte über die Schule zur ersten Orientierung erhalten. Die Broschüre kann anhand der folgenden Hinweise schulspezifisch zusammengestellt werden:

- Auf dem Titelblatt kann es heißen: „Herzlich willkommen zum Abi 20XX/Schulabschluss 20XX. Wir freuen uns auf euch!" Dazu kann auf der Titelseite ein kleiner Schüler mit einem Riesenfernrohr zu sehen sein.
- Auf der zweiten Seite stehen Sätze wie „Herzlich willkommen! Bald bin ich Schüler/in des Gymnasiums / der Realschule / der Hauptschule / der Gesamtschule … Mein/e Klassenlehrer/in ist … Meine neue Klasse finde ich in Raum … In meiner zukünftigen Klasse kenne ich schon einige Kinder: … In meiner neuen Schule unterrichten manche Lehrer in besonderen Räumen, den Fachräumen, z. B. Biologie in Raum …, Kunst in Raum … und Musik in Raum …"
- Auf einer weiteren Seite wird der Raumplan der Schule wiedergegeben. Zu sehen sind Grundrisse aller Stockwerke mit Raumnummern sowie Sonderräume.
- Es folgt ein Raster, das den Stundenplänen der Schule zugrunde liegt. Informiert wird über die Unterrichtszeiten und die Pausen. Außerdem finden sich auf dieser Seite Sätze wie „Der Unterricht beginnt um 8.00 Uhr. Fünf Minuten vor jeder Stunde gongt es. Dann soll ich zum vorgesehenen Klassenraum gehen."
- Eine weitere Seite informiert die neuen Schüler darüber, wie sie ihren Alltag sinnvoll organisieren können. Der Text könnte folgendermaßen lauten: „Führe ein Aufgabenheft. Es hilft dir, bei den Hausaufgaben nicht die Übersicht zu verlieren. Die Schulbücher bekommst du in der Regel von der Schule gestellt. Sie sind eine Leihgabe. Gehe sorgfältig mit ihnen um! Die Schüler, die sie nach dir bekommen, möchten auch noch Bücher erhalten, die ordentlich und sauber sind. Um die Bücher vor Verschmutzung zu schützen, solltest du sie mit einem Schutzumschlag versehen. ‚Der Toni ist schwer', sagen Schüler manchmal. Bringe jeden Tag nur diejenigen Bücher und Hefte mit, die du laut Stundenplan benötigst. Den Tornister sinnvoll zu

packen, geht ganz schnell. Wenn du es nicht machst, musst du die ganze Zeit den schweren Tornister schleppen."

- Die letzte Seite enthält die Schulanschrift (inkl. E-Mail- und Homepage-Adresse) und Angaben zu Ansprechpartnern, die für Schüler der Klasse 5 wichtig sind: „Leiter der Schule ist: ... Sein Stellvertreter heißt: ... Für die Erprobungsstufe (Klassen 5/6) zuständig ist: ... Oft musst du im Sekretariat etwas fragen oder melden. Die Schulsekretärinnen heißen: ... Auch die Hausmeister können dir in vielen Fragen weiterhelfen. Sie heißen: ..."

Eine Informationsbroschüre wird an vielen Schulen von der Schulleitung und/oder vom Leiter der Unterstufe/Erprobungsstufe erstellt; als Klassenlehrer können Sie aber auch selbst – eventuell mithilfe schulischer Bausteine – eine auf Ihre Klasse zugeschnittene Broschüre zusammenstellen.

Informationen zur Schulwegsicherung

In den ersten Schulwochen wird es häufiger vorkommen, dass Sie als Klassenlehrer besorgte Eltern kontaktieren müssen, die von beunruhigenden Erzählungen ihrer Kinder über den ungewohnten und vermutlich auch längeren Schulweg berichten. Manche Eltern klagen vielleicht darüber, dass ihre Kinder am Wohn- oder Zielort an Bushaltestellen von älteren Schülern geschubst oder in anderer Weise unangemessen behandelt werden. Sie können helfen, dieses und andere Themen auch hinsichtlich möglicher anderer gefährlicher Situationen zu entschärfen, indem Sie bereits am Kennenlernnachmittag eine Information der Polizei verteilen, die vielleicht auch die lokalen Regelungen zur Schulwegsicherung beinhaltet. Sollte die Situation an den Bushaltestellen vor Ihrer Schule tatsächlich einmal eskalieren, ist der Einsatz von Bus-Scouts (in der Regel ältere Schüler) ratsam.

Elternprogramm

Während die neuen Schüler im Rahmen des Kennenlernnachmittags die erste gemeinsame Stunde mit Ihnen verbringen, kann die Schule den Eltern ein Getränk anbieten (Kaffee, Wasser) und sie mit weiteren Informationen versorgen:

- Die **Schulbücher**, mit denen in Klasse 5 unterrichtet wird, können in ausreichender Anzahl zur Ansicht ausgelegt werden. Die Eltern können darin blättern und sich ein Bild davon machen, mit wie vielen interessanten Materialien ihre Kinder im fünften Schuljahr lernen werden.
- Viele Eltern erkundigen sich nach **Arbeitsgemeinschaften**, die in der Schule angeboten werden. Über eine Liste aller AGs hinaus können ausgewählte Arbeitsgemeinschaften ihre Aktivitäten an gesonderten Tischen vorstellen.
- Ein **altersgemäß gestalteter Pausenhof** ist für viele Eltern interessant. Während einer kurzen Führung lernen die Eltern das Pausengelände kennen.
- Häufig wird am Kennenlernnachmittag auch eine Zeitschrift der Landeselternschaft verteilt, in der diese Basisinformationen zu Möglichkeiten der Mitwirkung in der Schule und zu anderen Themen zusammengestellt hat.

2.2 Eine erste Hausaufgabe

Es ist eine schöne Hausaufgabe für die Sommerferien, jeden angemeldeten Schüler zu bitten, eine **Postkarte** aus den Sommerferien an die Schule/seine neue Klasse zu schicken. Die Schüler können bei einem Kennenlernnachmittag gebeten werden, diese Hausaufgabe zu erledigen, oder sie erhalten einen netten Brief ihres zukünftigen Klassenlehrers, in dem u. a. eine solche Bitte geäußert wird.

Die Postkarte muss nicht unbedingt aus dem Urlaub geschickt werden. Es kann auch eine Postkarte aus dem Freibad, dem Zoo oder dem Garten der Oma sein. Lassen Sie diese Postkarten in Ihrem Fach im Lehrerzimmer sammeln und greifen Sie am ersten Schultag z. B. in einem Stuhlkreis darauf zurück. Geben Sie jedem Schüler eine der Postkarten, es muss nicht die eigene sein. Lassen Sie die Schüler die Postkarten vorlesen und geben Sie dem Absender die Möglichkeit, weitere Eindrücke und Ereignisse aus den Ferien zu ergänzen. So kommen die Schüler schnell ins Gespräch.

2.3 Materialbeschaffungsliste

Eltern erwarten von Ihnen Informationen darüber, welche Bücher, Hefte und sonstigen Utensilien ihre Kinder zur Schule mitbringen sollen. Da Sie zu den Eltern der zukünftigen Fünftklässler vor Schuljahresbeginn – außer am Kennenlernnachmittag – keinen persönlichen Kontakt haben werden, sollten Sie eine Liste parat haben, auf der alle gewünschten Materialien verzeichnet sind.

Die Materialbeschaffungsliste kann Teil der Informationsbroschüre sein, die Sie während des Kennenlernnachmittags an Ihre zukünftigen Schüler verteilen. Ersatzweise kann die Liste den Eltern auch rechtzeitig vor Schuljahresbeginn postalisch zugestellt werden. Erkundigen Sie sich, ob es in Ihrer Schule vielleicht auch eine standardisierte Liste gibt, auf die Sie zugreifen können.

Material-
beschaffungsliste

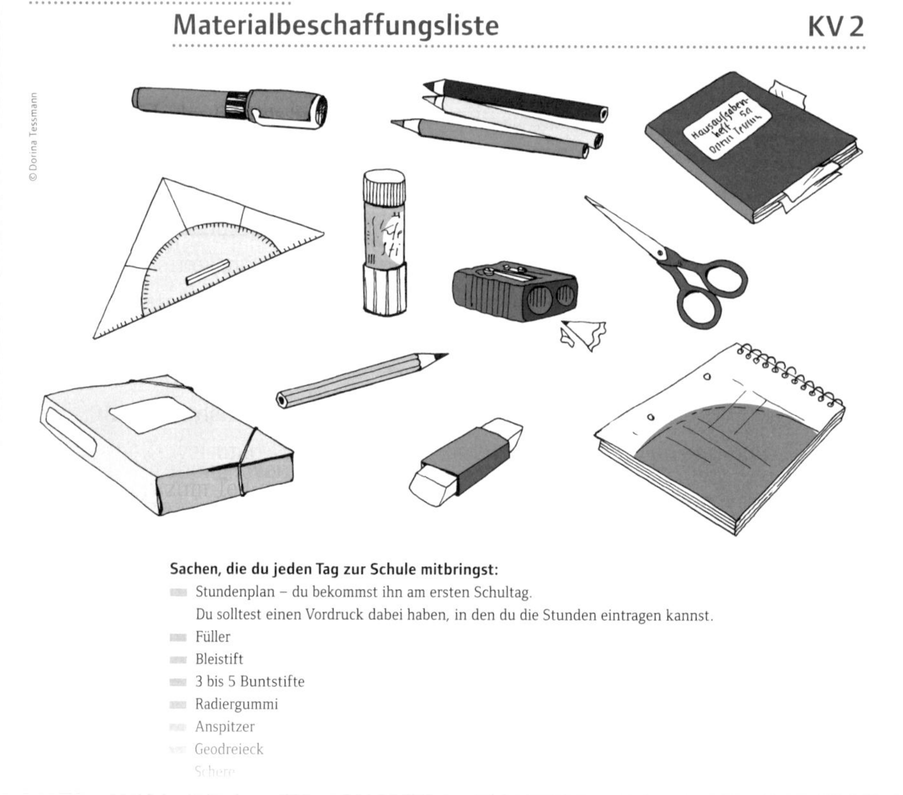

Materialbeschaffungsliste **KV 2**

© Dorina Tessmann

Sachen, die du jeden Tag zur Schule mitbringst:

- Stundenplan – du bekommst ihn am ersten Schultag.
  Du solltest einen Vordruck dabei haben, in den du die Stunden eintragen kannst.
- Füller
- Bleistift
- 3 bis 5 Buntstifte
- Radiergummi
- Anspitzer
- Geodreieck
- Schere

2.4 Kontakte zu Grundschulkollegen

Wenn die Schulleitung die Unterrichtsverteilung für das kommende Schuljahr früh genug fertiggestellt hat und Sie als Klassenlehrer einer kommenden Klasse 5 bereits feststehen, empfiehlt es sich, mit den Klassenlehrern der abgebenden Grundschulen Kontakt aufzunehmen. Viele Schulen haben mit den Grundschulen in ihrem Einzugsbereich einen solchen Kontakt institutionalisiert. Die Formen der Zusammenarbeit sind vielfältig:

- Sie **hospitieren** im Unterricht der Grundschule und lernen bereits einen Teil ihrer zukünftigen Schüler in ihrem bisherigen schulischen Umfeld kennen.
- Sie kommen mit den Grundschullehrern, die Ihre Fächer unterrichten, nach dem Unterricht zu einem **fachlichen Austausch** zusammen. Dabei wird z. B. die Lehrplan-Schnittstelle zwischen Klasse 4 der Grundschule und Klasse 5 der aufnehmenden weiterführenden Schule erörtert.
- Als zukünftiger Klassenlehrer besuchen Sie die Grundschule und unterhalten sich mit den abgebenden Lehrern über diejenigen Schüler, die für Ihre zukünftige Klasse angemeldet sind. Dabei erhalten Sie auch **Hintergrundinformationen**, die nicht in die Grundschulgutachten aufgenommen werden.

Diese Formen der Kontaktaufnahme lassen sich natürlich auch miteinander kombinieren. Später kann die Zusammenarbeit fortgesetzt werden, indem die Grundschullehrer zu einer der **Erprobungsstufenkonferenzen** eingeladen werden, auf denen sie erfahren können, wie sich ihre ehemaligen Schüler weiterentwickelt haben.

Zusammen mit dem zuständigen Koordinator Ihrer Schule laden Sie die Kollegen der Grundschulen, deren ehemalige Schüler nun in Ihrer Klasse sind, zu einem Gespräch mit allen Lehrern der Klasse ein. Sie erfahren viel über die ersten schulischen Lernjahre Ihrer Schüler, über ihre jeweiligen Potenziale, aber auch über die Probleme, die zu überwinden waren – und vielleicht immer noch sind. Dabei gewinnen Sie viele Einsichten in Wandlungen und Kontinuitäten des sozialen Umfelds, in dem sich die Schüler bewegen. Sie sollten mit einem besonderen Moderationskonzept in eine solche Konferenz gehen:

Eine Erprobungsstufenkonferenz mit Grundschullehrern moderieren

KV 3

Eine Erprobungsstufenkonferenz mit Grundschullehrern moderieren KV 3

Vorbereitung

- Bitten Sie das Sekretariat darum, zur Vorbereitung des Gesprächs eine Klassenliste mit Angaben zu den Herkunftsschulen Ihrer Schüler zur Verfügung zu stellen.
- Bitten Sie das Sekretariat eventuell außerdem, Getränke im Konferenzraum bereitzustellen.

Ablauf des Gesprächs

1. Begrüßung (insbesondere der anwesenden Grundschullehrer)
2. Kurze Vorstellungsrunde (mit Bitte an die Grundschullehrer, die Schüler zu benennen, die sie unterrichtet haben)
3. Allgemeine Informations- und Einschätzungsfragen der Grundschullehrer an die anwesenden Lehrer der weiterführenden Schule (z. B. zur Übergangsproblematik, zum Übergang in einzelnen Fächern, zur Abstimmung der Fachcurricula beider Schulformen usw.)
4. Beratung über die Schüler, deren ehemalige Lehrer anwesend sind (besonders auch über gelungene Starts in der neuen Schule)
5. Einladung an die Grundschullehrer, ein Resümee zu ihrer Wahrnehmung des Übergangs von der Grundschule auf die weiterführende Schule zu ziehen

Kurze Pause
(An dieser Stelle haben die Grundschullehrer die Möglichkeit, sich für eine weitere Teilnahme an der Konferenz zu entscheiden oder die Konferenz zu verlassen.)

6. Beratung über die restlichen Schüler der Klasse
7. Verabschiedung

3 Die Anfangsphase in der neuen Schule

Schon am **Kennenlernnachmittag** sind die Schüler auf ihre zukünftigen Mitschüler und den Klassenlehrer getroffen und haben eventuell auch schon ihren Klassenraum gesehen. Am ersten Schultag in der neuen Schule werden sie im Rahmen einer zentralen **Einführungsveranstaltung** in die Schulgemeinde aufgenommen. Vielleicht findet davor noch ein **Gottesdienst** in einer lokalen Kirche statt.

Die Kinder erwartet auf der weiterführenden Schule viel Neues: Sie lernen zum ersten Mal ein **System ständig wechselnder Fachlehrer** kennen; je nach Schule differenzieren sich in Klasse 5 auch bereits einige Lerngruppen aus (z. B. Religionsunterricht, Fachunterricht als deutschsprachiger oder bilingualer Unterricht). Es gelten neue Regeln, die man erst verinnerlichen muss, es gibt ganz neue Fächer, und viele Schüler der Schule wirken auf die Fünftklässler wie Erwachsene. Für Sie als Klassenlehrer bedeutet das, dass die Ihnen anvertrauten Schützlinge Ihnen in den ersten Tagen viele Fragen stellen werden. Bereiten Sie sich darauf vor, dass Sie sowohl im Unterricht als auch in den Pausen mit Fragen geradezu „gelöchert" werden. In diesem Kapitel geben wir Ihnen einige Tipps und stellen Ideen vor, wie sich die Schüler schnell und problemlos an die neue Situation gewöhnen.

3.1 Schulrallye

Die meisten Kinder haben sich vier Jahre lang in einem relativ übersichtlichen Grundschulgebäude zu Hause gefühlt. Damit sie das nun deutlich größere Gebäude der weiterführenden Schule kennenlernen und sich dort orientieren können, bietet sich in den ersten Tagen eine Schulrallye an. Dabei sollten die Schüler auf jeden Fall den Weg zum Sekretariat, zum Lehrerzimmer, zu den Fachräumen, zu den Toiletten, zu den Fahrradständern, zur Caféteria (falls vorhanden) und zur Mensa (falls vorhanden) erkunden.

Die Rallye kann im Rahmen einer einzelnen Unterrichtsstunde oder einer Doppelstunde stattfinden. Die Kinder erhalten Unterlagen, auf denen sie zunächst die Namen der Mitglieder ihrer Gruppe, bestehend aus vier bis sechs Schülern, und im Verlauf der Rallye ihre Rechercheergebnisse eintragen. Die Schüler werden darüber informiert, dass sowohl die Genauigkeit ihrer Beobachtungen als auch die benötigte Zeit bewertet werden. Als Anreiz kann für die drei Siegergruppen ein kleiner Preis ausgesetzt werden. Zuletzt werden die Schüler darauf hingewiesen, dass die Räume der Schule nach einer gewissen Systematik nummeriert worden sind, z. B. 001, 002 usw. für das Parterre, 101, 102 usw. für den ersten Stock und 201, 202 usw. für den zweiten Stock. Im Rahmen der Rallye müssen sie sich ihre Wege anhand eines Raumplanes, den sie erhalten, selbst suchen.

Die Gruppen werden in kurzen zeitlichen Abständen nacheinander (z. B. im Turnus von zwei Minuten) losgeschickt. Startpunkt der Schulrallye ist der Unterstufenhof (oder ein anderer Schulhof, auf dem sie sich aufhalten dürfen). In ihren Unterlagen finden die Schüler eine Reihe von Aufgaben bzw. Fragen, die sie in beliebiger Reihenfolge lösen können. Die Aufgaben sollten so zusammengestellt werden, dass die Schüler alle Bereiche der Schule kennenlernen und dabei oft den Bereich wechseln müssen. Bei einer solchen Kreuz-und-quer-Rallye machen sie sich spielerisch mit der komplexen räumlichen Struktur der neuen Schule vertraut. Aufgaben können z. B. sein:

- Wie viele Tischtennisplatten/Bänke/Basketballkörbe ... gibt es auf dem Unterstufenhof?

- Der Raum mit der Nummer … ist ein sogenannter Fachraum. Was wird hier unterrichtet?
- Geht zu Raum Nr. … [Lehrerzimmer]. Wer verbringt hier seine Pausen? Vielleicht hilft ein kurzer (!) Blick hinein.
- In der ersten Etage (vor dem Raum mit der Nummer …) hängt an der Decke ein Zeichen. Was zeigt es an? 1. Das Zeichen zeigt, wo der nächste Fernseher steht. 2. Es markiert einen Fluchtweg. 3. Es zeigt den Weg zur nächsten Toilette. Nur eine Lösung ist richtig. Notiert diese auf eurem Blatt. [Gemeint ist die Fluchtweg-Kennzeichnung.]
- In der Nähe von Raum … ist ein Fenster. Blickt hinaus. Welches Gebäude seht ihr?
- Das Sekretariat der Schule befindet sich in Raum … Zählt, wie viele Türen der Raum hat.
- Im Sekretariat findet ihr die Schulsekretärinnen. Schreibt auf, wie sie heißen.
- Gegenüber von Raum … findet ihr Schülertoiletten. Auf welcher Seite befinden sich die Mädchentoiletten, links oder rechts?
- Lauft zur Turnhalle. (Sie befindet sich …) Welche Farbe hat die Tür der Turnhalle?
- Raum … ist ein Medienraum. (Wenn der Raum abgeschlossen ist, solltet ihr euch diesen Raum von einem Lehrer aufschließen lassen.) Welche verschiedenen Gerätschaften findet ihr in diesem Raum?
- Auf dem Flur vor den Räumen … bis … ist einiges zu sehen. Wie viele Schaukästen/Plakate findet ihr hier?
- Von welchem Raum der Schule hat man den kürzesten Weg zum Lehrerparkplatz?
- In den Räumen … und … wird das Fach Kunst unterrichtet. Vervollständigt den Namen eines berühmten Gemäldes von Leonardo da Vinci. Das Gemälde heißt Mona ____________.
- Wie viele Monitore befinden sich in Raum …? Was wird in diesem Raum wohl unterrichtet?
- Geht zu Raum … Im Umkreis von 5 Metern findet ihr einen Aushang, auf dem unter anderem alle 5. und 6. Klassen stehen. Der Aushang gibt an, welche Klasse wann Hofdienst hat. Der Hofdienst sorgt nach den Pausen dafür, dass der Müll weggeräumt wird. Die Materialien dazu (Eimer und Zangen) befinden sich in Raum … Schaut von Zeit zu Zeit immer wieder auf diesen Aushang, damit ihr wisst, wann ihr den Schulhof reinigen sollt. Natürlich bedeutet die Tatsache, dass es Schüler gibt, die Müll wegräumen, nicht, dass ihr diesen einfach wegschmeißen dürft. Welche Klasse hat in der nächsten Woche Hofdienst?
- In welchem Raum könnt ihr in den Pausen ein Getränk kaufen?
- Welche Getränke sind im Angebot? Nennt zwei.
- In dem Flur zwischen Raum … und Raum … stehen Spinde. Die Spinde können von Schülerinnen und Schülern gemietet werden. Die meisten nutzen sie für Bücher, die sie nicht für die Hausaufgaben brauchen, oder z. B. für ihren Turnbeutel. Wie viele Spinde gibt es an dieser Stelle?
- In Raum … findet ihr die SV. Was bedeutet diese Abkürzung?

An manchen Schulen werden die Aufgaben für die Schulrallye jedes Jahr neu von der Schülervertretung (SV) erstellt. Denken Sie deshalb daran, diese rechtzeitig im vorherigen Schuljahr an die Aufgabe zu erinnern.

3.2 Kennenlernspiele

Oftmals kommen die Schüler einer Klasse nun nicht mehr aus einer Nachbarschaft, sondern aus verschiedenen Stadtteilen oder gar Ortschaften, die teilweise einige Kilometer voneinander entfernt liegen. Damit sich von Beginn an eine starke Klassengemeinschaft bildet, bieten sich verschiedene Kennenlernspiele an.

Eine Möglichkeit, die es vor allem Ihnen als Klassenlehrer erleichtert herauszufinden, welche Kinder sich bereits kennen bzw. welche sogar schon befreundet sind, ist das Spiel **„Finde alle, die …“.** Dieses Spiel können Sie auch auf andere Aspekte des Sich-Kennenlernens ausweiten.

Hierzu benötigen Sie zunächst einmal Platz, sodass alle Kinder sich frei bewegen können. Das Spiel kann sowohl im Klassenraum (wenn Tische und Stühle zur Seite geräumt werden) als auch außerhalb gespielt werden. Es bietet sich an, mit der Aufforderung „Finde alle, die mit dir in derselben Grundschulklasse waren!“ zu beginnen. So können Sie auf einen Blick sehen, wo es bereits Grüppchen in Ihrer Klasse gibt und ob eventuell Kinder dabei sind, die allein aus einer Grundschulklasse in Ihre Klasse gewechselt sind. Eine zweite, etwas weitergehende Aufforderung ist die, dass man diejenigen finden soll, die auf derselben Grundschule waren. Hier müssen die Kinder anfangen zu kommunizieren. Es ist erstaunlich, aber oft wissen sie gar nicht, wer in der Grundschule in den Parallelklassen war. Dennoch stellt sich dann schnell ein Zusammengehörigkeitsgefühl ein.

Je komplizierter die Aufforderungen werden, umso mehr müssen die Kinder miteinander kommunizieren, was das eigentliche Ziel dieses Spiels ist. Fordern Sie die Kinder z. B. auf, diejenigen zu finden, die die gleiche Haarfarbe wie sie selbst haben, oder diejenigen, die genauso viele Geschwister wie sie selbst haben. Entscheiden Sie selbst, ob Sie das Spiel nur moderieren oder sogar daran teilnehmen möchten. Auf der Kopiervorlage finden Sie viele weitere Aufforderungen, die Sie an Ihre Schüler richten können.

Finde alle, die …

KV 4

Finde alle, die … **KV 4**

©Dorina Tessmann

Anleitung
Sucht euch einen Raum oder eine freie Fläche, auf der ihr euch alle frei bewegen könnt.
Sucht Mitschüler mit dem gleichen Merkmal:

Finde alle, die …
- mit dir in einer Grundschulklasse waren.
- mit dir auf derselben Grundschule waren.
  (Unterbrechung: Die Grundschulen und ihre Klassen können nacheinander genannt werden.)
- genauso viele Geschwister haben wie du.
- im gleichen Ort/Stadtteil wohnen wie du.
  (Unterbrechung: Die Orte/Ortsteile/Stadtteile können genannt werden.)

Eine weitere Möglichkeit, das Sich-Kennenlernen der Schüler untereinander zu intensivieren, bietet das **Partnerinterview.**[1] Bitten Sie die Schüler, sich einen Partner zu suchen, mit dem sie nicht in einer Grundschulklasse waren. So sorgen Sie dafür, dass die Schüler mutig auf weitgehend unbekannte Klassenkameraden zugehen. Teilen Sie einen **Steckbrief** an alle aus mit der Bitte, diesen mit den Antworten des Mitschülers auszufüllen.

Partnerinterview

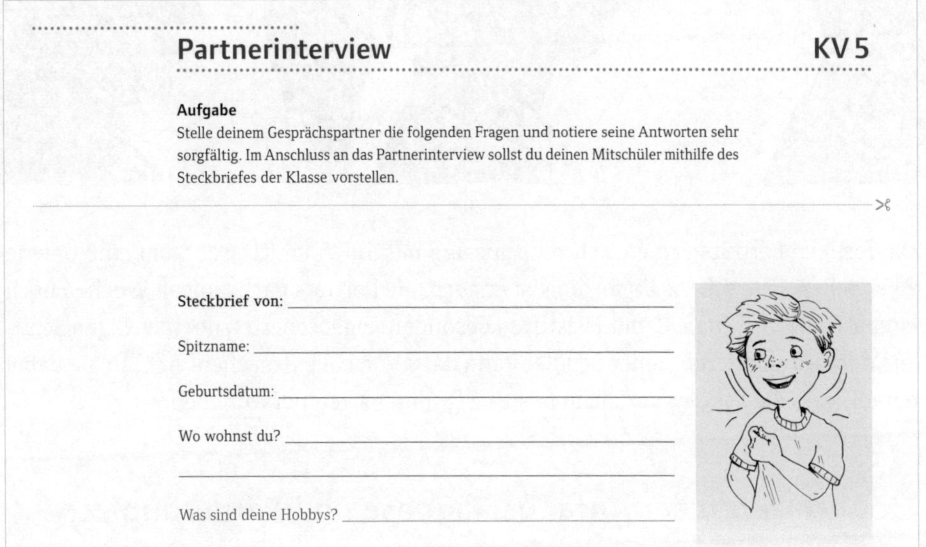

Partnerinterview **KV 5**

Aufgabe
Stelle deinem Gesprächspartner die folgenden Fragen und notiere seine Antworten sehr sorgfältig. Im Anschluss an das Partnerinterview sollst du deinen Mitschüler mithilfe des Steckbriefes der Klasse vorstellen.

Steckbrief von: ______

Spitzname: ______

Geburtsdatum: ______

Wo wohnst du? ______

Was sind deine Hobbys? ______

KV 5

Da den Schülern mit dem Steckbrief konkrete Fragen vorgegeben werden, fühlen sich gerade stille und zurückhaltende Kinder ermutigt, diese zu stellen. Zudem erleichtert es der Steckbrief den Schülern, hinterher im Plenum zu sprechen und ihre Mitschüler vorzustellen. So werden ihnen gleich in den ersten Tagen eventuell vorhandene Ängste genommen, vor der neuen großen Gruppe zu sprechen.

Sie können die Schüler auch bitten, als Hausaufgabe ein Foto von sich mitzubringen, welches auf den Steckbrief geklebt wird. Im Anschluss können die Steckbriefe dann im Klassenraum ausgehängt werden. Zudem können Sie Kopien der Steckbriefe zu einem kleinen Magazin zusammenfassen – für jeden Schüler eine schöne Erinnerung an seine Klasse.

Eher künstlerisch lässt sich das Kennenlernen mithilfe sogenannter **Schattenriss-Porträts** gestalten.[2] Dazu benötigen Sie für jeden Schüler einen Bogen festes Papier, am besten im Din-A4-Format. Typischerweise werden die Schattenriss-Porträts mithilfe von schwarzem Karton angefertigt. Es ist aber auch möglich, bunten Karton dafür zu nutzen. Dieser hat den Vorteil, dass man die Schatten auf ihm besser erkennen kann. Die Bögen können Sie entweder selbst besorgen oder Sie bitten die Schüler, einen solchen von zu Hause mitzubringen. Zudem benötigen Sie noch einige Lichtquellen (OHP, Taschenlampen, Schreibtischlampen ...). Teilen Sie die Schüler in so viele Gruppen ein, wie Sie Lichtquellen haben. Nacheinander werden nun von allen Schülern die Schattenbilder der Köpfe als Umrisse auf den Bögen nachgezeichnet und anschließend ausgeschnitten. Beim Erstellen der Porträts sollten die Schüler darauf achten, dass der Abstand zwischen Lichtquelle, Kopf und Wand jeweils gleich groß ist, damit es bei der Größe der Porträts nicht zu Verzerrungen kommt.

1 Vgl. Gerd Brenner / Kira Brenner: Methoden für alle Fächer. Sekundarstufe I und II, 2., überarb. Aufl. mit Zusatzmaterialien auf CD-ROM, Berlin 2011, S. 71.

2 Vgl. ebd., S. 73.

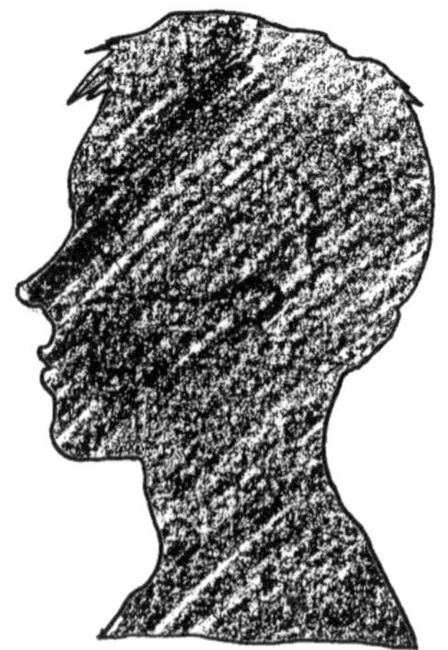  

Die fertigen Porträts eignen sich sehr gut, um mit ihnen im Klassenraum eine Galerie zu erstellen. Eine schöne Ergänzung ist es auch, die Porträts nach einigen Wochen noch einmal zu nutzen, um z. B. mit Filzstiften besondere Eigenschaften des jeweiligen Schülers darauf zu notieren. Jeder Schüler kann dazu Vorschläge machen. Achten Sie dabei darauf, dass die Schüler vor allem positive Eigenschaften hervorheben.[3]

3.3 Möglichkeiten der Anfangsdiagnose und Förderung

Erste Anhaltspunkte für den Förderbedarf Ihrer Schüler finden sich in den Grundschulgutachten. Weitere Hinweise haben Sie eventuell bei Gesprächen mit Kollegen erhalten, die Ihre Schüler an den Grundschulen unterrichtet haben (vgl. Kapitel 2.4). Sie können diese gründlich auswerten und – auch für Kollegen anderer Fächer, die in Ihrer Klasse unterrichten – eine erste Übersicht über den Förderbedarf Ihrer Schüler zusammenstellen. Dazu empfiehlt sich die Anlage einer elektronischen **Förderbedarfsliste,** die über fachliche Probleme einzelner Schüler hinaus auch Fördernotwendigkeiten im Verhaltensbereich umfassen kann.

Diese Liste können Sie im Übrigen bei späterer Gelegenheit (vgl. Kapitel 2.4) an die Grundschullehrer weitergeben; diese erfahren so, dass ihre Arbeit von Ihnen wertgeschätzt wird. Im weiteren Verlauf fließen auch die Beratungsergebnisse der in den Klassen 5 und 6 folgenden Erprobungsstufenkonferenzen in diese Liste ein.

Förderbedarfsliste

Förderbedarfsliste **KV 6**

Klasse ______

Individueller Förderbedarf der Schüler auf Basis von: Grundschulgutachten, Gesprächen mit Grundschullehrern und eigenen Beobachtungen.

Schüler/in	Gutachten der Grundschule	Gespräche mit Grundschullehrern	Eigene Befunde

KV 6

3 Es gibt weitere Spiele und Übungen, die sich für die Gestaltung der Anfangsphase in Klasse 5 eignen z. B. Begrüßungsrituale oder die „Gespiegelte Vorstellung". Nähere Erläuterungen zu diesen Spielen und Übungen sowie zu Partnerinterviews/Steckbriefen und Schattenriss-Porträts finden Sie in: Brenner/Brenner: Methoden für alle Fächer, Berlin 2011.

Als Klassenlehrer sollten Sie von Anfang an einen guten Überblick über die allgemeinen und fachlichen Entwicklungspotenziale, aber auch die Förderotwendigkeiten Ihrer Schüler haben. Erkundigen Sie sich daher in regelmäßigen Abständen, ob es – insbesondere in den schriftlichen Fächern – **Anfangsdiagnosen** der Kompetenzen und Kompetenzdefizite Ihrer Schüler gegeben hat. Inzwischen sind an vielen Schulen – neben traditionellen Diagnoseinstrumenten in Printform – auch internetbasierte **diagnostische Tools** in Gebrauch, die zum Teil eine sehr differenzierte Aussage über jeden Schüler zulassen. Lassen Sie sich als Klassenlehrer Übersichten über die Ergebnisse solcher Diagnosen vorlegen und tragen Sie Auffälligkeiten in Ihre Förderbedarfsliste ein.

Geben Sie eine Rückmeldung an die Schulleitung bzw. den zuständigen Koordinator der Schule, welche Förderotwendigkeiten sich ergeben haben. Das **Förderkonzept** Ihrer Schule bietet vermutlich einige Möglichkeiten zur Unterstützung der Schüler, die Sie für Ihre Klasse in Anspruch nehmen können (vgl. einzelne Fördermöglichkeiten und Strukturen in Kapitel 6).

3.4 Notwendige Regelungen im Rahmen der Inklusion

In Rahmen der **Inklusion** können einige Kinder in Ihrer Klasse **ganz spezielle Förderbedarfe** haben. Mit diesen Kindern sollten Sie sich als Klassenlehrer bereits vor Beginn des Schuljahres intensiv befassen.

Die **sonderpädagogische Förderung** wird von Sonderpädagogen festgestellt und umgesetzt. Allerdings sind Sie als Klassenlehrer genau wie alle anderen Kollegen, die in der Klasse unterrichten, in die sonderpädagogische Begleitung dieser Kinder stark einbezogen. Meistens sind die Schüler schon in der Grundschule entsprechend gefördert worden. Besonders intensiv gestaltet sich die Arbeit mit Kindern, die einen Förderbedarf im Bereich der emotionalen/sozialen Kompetenz haben. Sie leiden oft an Bindungsstörungen oder anderen gravierenden psychischen Belastungen, haben meistens eine geringe Impulskontrolle, neigen zu Grenzüberschreitungen und werden somit häufig „auffällig“. Für sie sind Rituale und Regeln besonders wichtig (siehe Kapitel 5).

Mit den gängigen pädagogischen Maßnahmen – besonders mit disziplinarischen Maßnahmen – kann man diese Kinder nur begrenzt erreichen. Angesichts dieser Herausforderung sollten Sie genau definieren, wo die **Grenzen Ihrer persönlichen Kompetenzen** liegen, welche Aufgaben Sie übernehmen können und welche nicht, weil sie einer sonderpädagogisch ausgebildeten Fachkraft vorbehalten sein sollten. Glauben Sie nicht, alle Probleme der Inklusion selbst lösen zu können. Dazu sind spezial-psychologische und sonderpädagogische Kompetenzen erforderlich.

In **Fragebögen**, die in der Begutachtung betroffener Kinder immer wieder eine Rolle spielen und die von Ihnen als Klassenlehrer ab und zu auszufüllen sind, wird in der Regel das gesamte **Persönlichkeitsspektrum** des Kindes daraufhin überprüft, wo – eventuell gravierende – Störungen der Persönlichkeitsentwicklung vorliegen. Im Einzelnen werden die Kompetenzen in folgenden Bereichen geprüft:

- **Kooperation:** Kann der Schüler mit anderen in einer Gruppe zusammenarbeiten? (Kinder aus dem Autismusspektrum können das z. B. nur in sehr eingeschränktem Maße.) Zeigt er Freude an Kooperation? Lässt er fremde Beiträge gelten und ist er bereit, Kompromisse zu machen? Akzeptiert und verfolgt er gemeinsame Ziele?
- **Selbstwahrnehmung:** Sieht der Schüler in Konflikten mit anderen auch eigene Fehler und versucht er, die eigenen Fehler wiedergutzumachen? Nimmt er eigene Gefühle wahr? Kann er die Folgen des eigenen Handelns realistisch einschätzen?

- **Selbstkontrolle:** Ist er in der Lage, sein impulsives Verhalten unter Kontrolle zu bekommen? Zeigt er auch außerhalb des Unterrichts Selbstkontrolle? Kann er persönliche Bedürfnisse aufschieben, wenn es notwendig ist? Kann er Misserfolge ertragen? Geht er angemessen mit Kritik an seiner Person um?
- **Empathie:** Erkennt er, wenn andere Hilfe brauchen, hilft er eigeninitiativ und muntert er andere auf? Tröstet er andere, wenn ihnen Schaden zugefügt wurde oder wenn ihnen etwas völlig misslungen ist? Teilt er mit anderen?
- **Selbstbehauptung:** Äußert er die eigene Meinung / eigene Wünsche / Kritik auf angemessene Weise? Reagiert er auf inadäquates Verhalten anderer seinerseits angemessen? Löst er Konflikte gewaltfrei?
- **Soziale Kontakte:** Nimmt er in Bezug auf Umfang und Intensität angemessen Kontakt auf? Will er zu einer Gruppe gehören? Drückt er Anerkennung gegenüber anderen aus? Hält er eine angemessene Distanz zu anderen? Zeigt er anderen seine Gefühle auf angemessene Art und Weise?
- **Ausdauer und Anstrengungsbereitschaft:** Bearbeitet er Aufgaben mit Ausdauer, selbst wenn ihm diese uninteressant erscheinen? Arbeitet er ohne ständige Rückmeldungen und ohne permanent Hilfe einzuholen? Bearbeitet er Aufgaben über „Pflichtaufgaben" hinaus?
- **Konzentration:** Sieht er bei Anforderungen genau hin und hört er genau zu? Arbeitet er ohne selbstinitiierte Unterbrechungen an einer Sache? Lenkt er seine Aufmerksamkeit gezielt auf eine Sache, wenn das erforderlich ist? Arbeitet er im Allgemeinen ohne Flüchtigkeitsfehler?
- **Selbstständigkeit:** Setzt er sich erreichbare Ziele? Geht er gezielt vor? Führt er eine Aufgabe vollständig allein aus? Kann er erreichte Ergebnisse selbstständig bewerten? Holt er nur Hilfe, wenn es inhaltlich notwendig ist?
- **Sorgfalt:** Erledigt er die Schul- und Hausaufgaben sorgfältig und vollständig? Geht er mit den eigenen und den schulischen Arbeitsmaterialien sorgfältig um?

In Klasse 5 werden Sie auch bei „normalen" Schülern noch eine Reihe von Persönlichkeitsproblemen finden, die sich mit diesem Fragenkatalog dokumentieren ließen. Kinder aus dem Inklusionsbereich leiden allerdings zum Teil unter einer weitaus massiveren Form dieser Persönlichkeitsstörungen. Folgende Aufgaben können sich bei der Begleitung solcher Kinder mit sonderpädagogischem Förderbedarf für Sie als Klassenlehrer einer 5. oder 6. Klasse von Anfang an ergeben:

- Eventuell ist es Ihre Aufgabe, im Rahmen eines **Verfahrens zur Feststellung des sonderpädagogischen Förderbedarfs** die Erarbeitung eines pädagogischen Gutachtens der Schule zu koordinieren. Das Gesamtgutachten wird in der Regel in Zusammenarbeit mit Kreisgesundheitsämtern und sonderpädagogischen Einrichtungen erstellt. Es kann eine Dokumentation der Lernentwicklung und des Leistungsstandes des Schülers, eine Dokumentation seines Arbeits- und Sozialverhaltens, eine Dokumentation der Erziehungsberechtigten über erfolgte Therapien sowie verschiedene Fragebögen umfassen.
  Nach der Zuweisung von Sonderpädagogen an die Regelschulen wurde in den letzten Jahren zum Teil auf die Feststellung des sonderpädagogischen Förderbedarfs verzichtet. Der Bedarf dieser Kinder an sonderpädagogischer Förderung wird seitdem nicht mehr genau festgestellt. Auch die Zuständigkeit für einzelne Fördertätigkeiten kann zwischen Klassenlehrer und sonderpädagogischen Fachkräften somit nicht mehr eindeutig geklärt werden. Die Zuständigkeiten müssen vielmehr an der Schule ausgehandelt werden.
- Für Kinder mit sonderpädagogischem Förderbedarf muss an der aufnehmenden Schule eine besondere **Eingliederungsphase** organisiert werden. Sie als Klassenlehrer treffen sich mit einer sonderpädagogischen Fachkraft, dem Kind und seinen

Eltern vor Schuljahresbeginn, um diese mit der neuen räumlichen und personellen Situation der aufnehmenden Schule vertraut zu machen. Bei Kindern mit sonderpädagogischem Förderbedarf gibt es meist eine verschärfte Übergangsproblematik, weil sie sich für gewöhnlich viel schwerer als andere Kinder umstellen und an neue Situationen gewöhnen.

- Die Alltagsarbeit mit Kindern, die einen sonderpädagogischen Förderbedarf haben, bedeutet für Sie als Klassenlehrer eine erhebliche **fachliche und zeitliche Zusatzbelastung,** die nicht an allen Schulen angemessen ausgeglichen werden kann. Zum Beispiel kann für Schüler, für die eine diagnostizierbare Beeinträchtigung nachgewiesen ist, gleich zu Beginn von Klasse 5 ein **Nachteilsausgleich** notwendig werden. Dieser sieht vor, dass für den betreffenden Schüler das gleiche Lernziel gilt wie für alle anderen Schüler der Klasse, aber es wird ein anderer Weg zum Ziel ermöglicht (z. B. mehr Bearbeitungszeit bei Klassenarbeiten). In diesem Fall ist es Ihre Aufgabe als Klassenlehrer, zusammen mit einer sonderpädagogischen Fachkraft einen sinnvollen und konsensfähigen Vorschlag für einen Nachteilsausgleich zu erarbeiten, eine Klassen-Lehrerkonferenz einzuberufen, den Nachteilsausgleich mit den Kollegen zu beraten und ihn schließlich zu beschließen. Die Regelungen zum Nachteilsausgleich sollten zudem mit der Klasse rechtzeitig besprochen werden, damit bei den Regelschülern keine Irritationen oder Gefühle von Benachteiligung auftreten.
- Für Kinder mit sonderpädagogischem Förderbedarf müssen differenzierte **Förderpläne** ausgearbeitet werden. Die sonderpädagogischen Fachkräfte sind mit diesem Planungsverfahren vertraut und können Ihnen zur Seite stehen. Die Pläne beinhalten zum Teil auch einen Rückgriff auf externe Diagnose- und Förderkapazitäten (weitergehende psychologische Diagnostik und spezielle Förderangebote). Die Förderpläne der betroffenen Schüler müssen ebenfalls von der Klassen-Lehrerkonferenz beraten, verabschiedet und evaluiert werden.
- Besonders Kinder mit Asperger-Syndrom und sonstigen autistischen Störungen benötigen **in den Pausen eine spezielle Betreuung**. Meist muss ihnen ein Rückzugsraum zur Verfügung gestellt werden, weil sie sich nicht in größeren Gruppen aufhalten können. Raum- und Pausen-Regelungen treffen Sie am besten in Absprache mit der Schulleitung oder dem zuständigen Koordinator.

3.5 Mit Unterrichtsinhalten an die Grundschule anschließen

Um Ihren Schülern einen sanften Übergang von der Grundschule in die weiterführende Schule zu ermöglichen, bietet es sich an, dass Sie und die Fachkollegen der Klasse die ersten Unterrichtsinhalte sehr bewusst wählen.

So kann z. B. im Fach **Deutsch** zunächst das Thema „Wie schreibe ich einen Brief?" behandelt werden. Ziel der Unterrichtsreihe könnte dann ein Brief an den ehemaligen Grundschullehrer sein, der auch abgeschickt wird. Die Kollegen an den Grundschulen freuen sich meist sehr, wenn sie eine Rückmeldung bekommen, ob es ihren Schützlingen an der neuen Schule gefällt.

Im Fach **Mathematik** kann zuerst das Thema „Statistiken erstellen" bearbeitet werden. Hier bietet sich die Form der Gruppenarbeit an. Die Schüler können dazu Umfragen innerhalb der Klasse durchführen (Wohnort, Lieblingsfach, Lieblingsmusik ...), diese auswerten und dazu passende Balkendiagramme o. Ä. erstellen. Warum dafür nicht auch mal den Klassenraum verlassen? Es könnten auch Informationen eingeholt werden, die über die Klasse hinausgehen: Wie viele Parallelklassen gibt es? Wie ist jeweils die Verteilung der Jungen und Mädchen in den Klassen? Wo kommen die Kinder der einzelnen Klassen her? Wie viele Lehrer hat die Schule, welche Fächer unterrichten diese? Auch solche Informationen können von den Kindern ausgewertet und in Diagrammen für die anderen Kinder aufbereitet werden.

Im Fach **Politik/Sozialkunde** bietet es sich an, mit dem Thema „Mitbestimmung in der Schule“ anzufangen. Falls Sie dieses Fach als Klassenlehrer nicht selbst unterrichten, stimmen Sie sich mit dem Fachkollegen ab. Es ist eine Arbeitserleichterung für Sie, wenn Sie die Punkte nicht alle in Ihrem Unterricht ansprechen müssen. Für die Schüler ist das Thema nicht unbedingt neu. Viele kennen z. B. die Methode des „Klassenrates“ aus der Grundschule (vgl. Kapitel 5.3). An weiterführenden Schulen sind die Dimensionen der Mitbestimmung jedoch deutlich größer. Erläutern Sie Ihren Schülern, was ein Klassensprecher ist, welche Eigenschaften er mitbringen sollte und welche Aufgaben er wahrnehmen muss. Auch die Institution der Schülervertretung (SV) dürfte Ihren Schülern neu sein und muss ihnen zunächst erklärt werden.

4 Der Klassenraum

Das Lernklima in Ihrer Klasse wird auch durch die räumliche Umgebung geprägt. Daher sollten Sie darauf achten, dass die räumlichen Arrangements in Ihrer Klasse stimmig sind. Von der Tischanordnung und Sitzordnung bis hin zu Aufbewahrungsmöglichkeiten für die Schüler im Klassenraum gibt es viele Möglichkeiten, eine angenehme und anregende Lernumgebung für Ihre Schüler zu schaffen.

4.1 Tischanordnung und Sitzordnung

Es gibt verschiedene Möglichkeiten, die Tische in einem Klassenraum anzuordnen. Oftmals sind Sie durch die Größe des Klassenraums und/oder die Anzahl der Schüler in der Aufstellung eingeschränkt. Berücksichtigen Sie, wie groß die Lautstärke innerhalb Ihrer Klasse ist. Wie oft lassen sich Ihre Schüler durch Mitschüler ablenken und wie häufig müssen Sie intervenieren? Bei der Wahl ihrer Tischanordnung sollten Sie darüber hinaus folgende Dinge beachten:

- Es ist von Vorteil, wenn die Tischanordnung sowohl **individuelles als auch kooperatives Lernen** ermöglicht und unterstützt.
- Die Tische sollten für die Anwendung unterschiedlicher Lernformen **schnell umgestellt** werden können.
- Jeder Schüler sollte von seinem Platz aus einen **guten Blick auf die Tafel bzw. das Whiteboard** haben.
- Für Schüler und Lehrer sollten **ausreichend breite Durchgänge** vorhanden sein.

Bei der konkreten Tischanordnung haben Sie zum einen die Möglichkeit, **Gruppentische** zu bilden. Vorteilhaft bei dieser Form der Sitzordnung ist es, dass die Schüler miteinander und voneinander lernen können. Gerade für Kollegen, die viel in Form von Freiarbeit oder Gruppenarbeit organisieren, bietet sich diese Anordnung an. Nachteilig ist, dass die Schüler sich dadurch oftmals leichter gegenseitig ablenken, da sie immer genau sehen, was der andere gerade macht. Zudem wird die Kommunikation untereinander gefördert, wenn die Konzentration der Schüler eigentlich der Tafel gelten sollte. Diese Konzentration nach vorn ist für einen Teil der Schüler ohnehin oftmals schwierig, da sie sich teilweise weit herumdrehen müssen, um die Tafel sehen zu können. Das Abschreiben von der Tafel kann somit schon mal eine Herausforderung sein. Dennoch sind Gruppentische eine weit verbreitete Tischanordnung, um mit ihr die Lehrerzentrierung aufzuheben.

Ebenfalls weit verbreitet ist die Form des sogenannten **Hufeisens.** Hier sitzen – wenn möglich – alle Schüler in einem an einer Seite offenen Rechteck. Bei Klassen mit vielen Schülern müssen allerdings noch einzelne Tische in der Mitte des Rechtecks angeordnet werden (das sogenannte Notfall-U). Der Vorteil der reinen U-Form ist, dass sich die Schüler alle untereinander ohne Mühe ansehen können. Der Lehrer kann als Moderator gut in der Mitte des Hufeisens stehen und zwischen den Schülern vermitteln. Auch sind alle Schüler, die individuelle Hilfen benötigen, für den Lehrer gut erreichbar. In Bezug auf die Lehrerzentrierung ist diese Tischanordnung eine Mischform: Der Lehrer ist die zentrale Person in der Lernumgebung, aber alle Schüler können auch leicht miteinander in ein Gespräch bzw. eine Diskussion eintreten.

Die **frontale Tischanordnung,** bei der die Tische – mit einer Lücke in der Mitte oder zwischen jedem Tisch – in Reihen hintereinander stehen, gilt oft als altmodisch. Sie bietet jedoch den Vorteil, dass alle Schüler ohne ein Kopfverdrehen gut nach vorn zur Tafel schauen können. Zudem wird ihr nachgesagt, dass die Schüler so konzentrierter arbeiten können. Auch ohne großes Tischerücken können schnell Vierergruppen gebildet werden, indem sich z. B. die Schüler der ersten Reihe einfach mit ihren Stühlen zur zweiten Reihe umdrehen. Je nach Aufgabenstellung ist dann jedoch der Platz auf dem Tisch zu eng. Ein weiterer Nachteil ist, dass die Schüler im Klassenplenum bei dieser Anordnung, auch wenn gewünscht, nur schwer miteinander ins Gespräch kommen können.

Bei der **Fischgrätenform/Nierenform** stehen jeweils zwei Tische im rechten Winkel aneinander und die dort sitzenden vier Schüler können alle gut nach vorn zur Tafel schauen. Ein weiterer Vorteil ist, dass durch das Zusammenschieben zweier „Fischgräten" schnell Vierertische entstehen – eine gute Voraussetzung für Gruppenarbeiten.

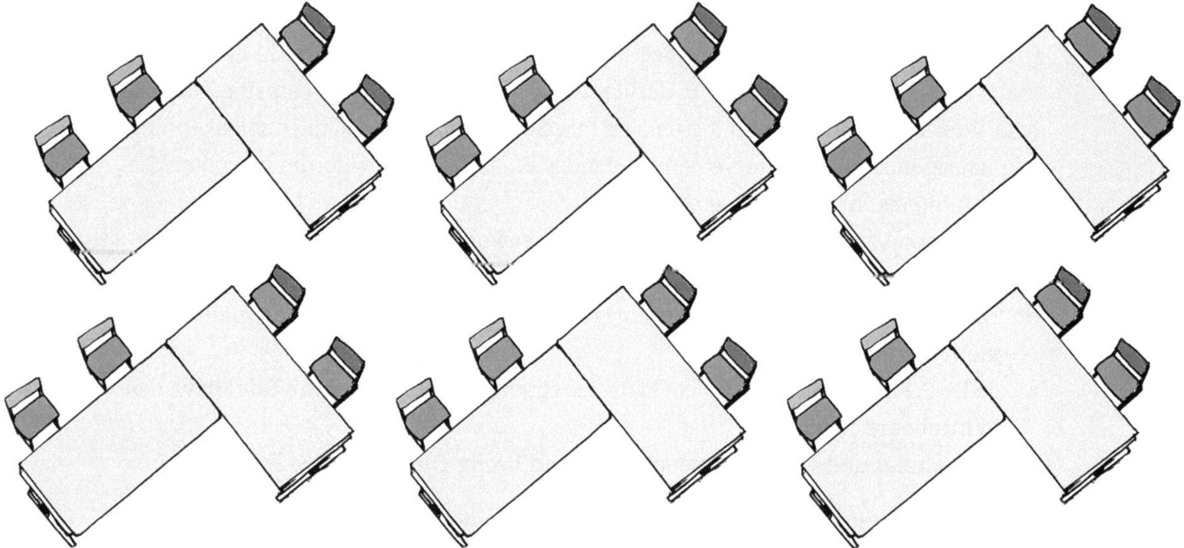

Generell zeigen Erfahrungen, dass es die optimale Tischanordnung nicht gibt. Jede hat Stärken und Schwächen. Probieren Sie am besten aus, welche Tischanordnung am besten zu Ihnen und Ihrer Klasse passt.

Neben der Wahl der geeigneten Tischanordnung für die Klasse muss natürlich auch noch die Entscheidung getroffen werden, welcher Schüler wo sitzt. Wer sollte nebeneinander sitzen? Wer muss vorn sitzen? Wer kann auch gut hinten sitzen? Wer sollte besser allein sitzen? Dieses sind nur einige Fragen, die es bei der **Sitzordnung** zu berücksichtigen gilt. Entscheiden Sie selbst, inwieweit Sie Ihre Schüler in den Entscheidungsprozess mit einbeziehen möchten:

- Es gibt die Möglichkeit, dass sich jeder Schüler **einen Sitznachbarn wünschen** darf. Eventuell sollte man eine Alternative aufschreiben, falls der erste Wunschpartner – aus welchen Gründen auch immer – als Tischnachbar nicht zur Verfügung steht. Es ist jedoch nicht in allen Fällen wünschenswert, dass „beste Freunde" nebeneinandersitzen; einige neigen sehr schnell dazu, in Schulstunden ihr eigenes „Programm" zu veranstalten.
- Sie können auch die **Klassensprecher** damit beauftragen, innerhalb einer Schulstunde gemeinsam mit der Klasse eine neue Sitzordnung zu erstellen. Eventuell machen Sie ein paar Vorgaben, die es zu beachten gilt: Schüler X muss allein sitzen und Schüler Y weit vorn. Dieses Verfahren kann problematisch sein, wenn einige Schüler das Klassenplenum dominieren und in der Lage sind, ihre Vorstellungen rücksichtslos durchzusetzen.
- Möglichkeiten mit weniger Mitbestimmungspotenzial, dafür aber mit fairen Chancen für alle sind z. B. das **Losverfahren** (alle Plätze werden per Los vergeben) oder die Vorgabe, dass immer ein Junge neben einem Mädchen sitzen soll. Diese Rege-

lungen werden oft gewählt, wenn man Nebengespräche unter den Schülern minimieren möchte. Gerade im 5. und 6. Schuljahr haben sich Mädchen und Jungen oftmals noch nicht so viel zu erzählen, sodass es insgesamt zu einer ruhigeren Lernatmosphäre kommt. Das Losverfahren kann dazu führen, dass Schüler nebeneinandersitzen, die zuvor noch nichts miteinander zu tun hatten. Dieses kann gerade zu Beginn einer neuen Klassengemeinschaft auch den Vorteil haben, dass sich die Schüler untereinander besser kennenlernen, weil sie z. B. bei Partnerarbeiten mit einem Kind zusammenarbeiten müssen, mit dem sie bisher noch nicht befreundet waren.

- Sie können Tischnachbarn auch auswählen, indem Sie **laute Schüler neben stille Schüler** setzen oder **gute neben schwache Schüler.** Mit einer solchen Sitzordnung greifen sie allerdings stark regulierend ein, was sich insgesamt negativ auf die Stimmung in der Klasse auswirken kann.

Haben Sie sich für eine Tischanordnung und eine Sitzordnung entschieden, bietet es sich an, diese als **Sitzplan** mit den Namen der Schüler (Wer sitzt wo?) auf das Pult zu kleben. So wissen alle Fachkollegen und vor allem auch Vertretungslehrer, denen die Klasse unbekannt ist, wo die Schüler sitzen sollen; sonst entdecken die Schüler in Vertretungsstunden ganz schnell neue „Spielräume" für sich.

4.2 Aufbewahrungsmöglichkeiten

Neben der Tischanordnung und der Sitzordnung gibt es noch viele weitere Möglichkeiten, Ihren Klassenraum sowohl praktisch als auch schön und gemütlich einzurichten. Es ist von großem Vorteil, wenn Sie jedem Schüler die Möglichkeit geben, einige Schulsachen in der Schule lagern zu können und nicht jeden Tag mitbringen zu müssen. Die kleinen Rücken werden es Ihnen danken, wenn der Tornister nicht zu schwer ist. In vielen Schulen wird es inzwischen schon so gehandhabt, dass im hinteren Teil des Klassenraums große **Regale** aufgestellt werden. Für diese Regale erhält dann jeder Schüler eine **große, am besten durchsichtige, Plastikbox,** in der er alle Schulsachen verstauen kann, die für die Erledigung der Hausaufgaben zu Hause nicht benötigt werden.

Indem Sie die Namen der Kinder auf die Boxen schreiben, können Sie diese leicht individualisieren. Bei einzelnen Schülern erfordert das Boxensystem vielleicht ein Organisationstraining, da sie noch lernen müssen, den Überblick zu behalten, welches Buch eventuell doch für die Hausaufgaben mit nach Hause genommen werden muss. Bei Schülern der Klasse 5 oder 6 ist es daher hilfreich, wenn Sie beim Stellen der Hausaufgabe dazusagen, dass jetzt z. B. das Mathematikbuch nicht in die Aufbewahrungsbox gelegt, sondern im Tornister verstaut werden sollte.

Wir haben auch schon von Eltern gehört, die ihren Kindern generell das Tragen von Büchern zu ersparen versuchen, indem sie von jedem Schulbuch ein zweites Exemplar günstig im Internet ersteigern und dieses zu Hause lagern. Das erfordert allerdings einen gewissen finanziellen Spielraum, den man nicht grundsätzlich erwarten kann.

4.3 Dekorationen

Um den Klassenraum insgesamt gemütlicher zu gestalten, bietet es sich an, ihn ein wenig zu dekorieren. Den Anfang können **Steckbriefe** oder **Schattenriss-Porträts** (vgl. Kapitel 3.2) machen, die zu Beginn des Schuljahres erstellt worden sind. Des Weiteren können Sie die Schüler – oder auf der Klassenpflegschaftssitzung die Eltern – bitten, **Blumen** für die Fensterbank mitzubringen. Auch bei der Erstellung von **Geburtstagskalendern** sind der Kreativität der Kinder keine Grenzen gesetzt. Mit einem für alle gut sichtbaren Geburtstagskalender kann jederzeit dem nächsten Geburtstag entgegengefiebert werden. Eventuell werden auch im Kunstunterricht Dekorationen gebastelt (z. B. **Fensterschmuck, Bilder** …), die eine Zeit lang im Klassenraum aufgehängt oder ausgestellt werden können. Warum nicht auch mal im Mathematikunterricht zum Thema „Körper" verschiedene davon basteln lassen und alle als **Mobiles** an die Decke hängen? Schüler haben aus Körpern auch schon ganze Dörfer gebastelt, die im Klassenraum an den Wänden angebracht wurden.

4.4 Klassendienste

Damit es in Ihrem Klassenraum immer ordentlich aussieht und für den Lehrer so wichtige Arbeitsmittel wie Tafel oder Whiteboard stets nutzbar sind, sollten Sie Ihre Schüler im Wechsel einen Ordnungs-, Tafel- und Kreidedienst erledigen lassen. Für jede Woche werden zwei Schüler festgelegt, die am Ende des Schultages dafür verantwortlich sind, dass der Klassenraum gefegt und die Tafel geputzt werden. Ebenso ist es ihre Aufgabe, nach jeder Schulstunde zu kontrollieren, ob noch genügend Kreide vorhanden ist. Gegebenenfalls holen sie in der Pause neue Kreide, die zumeist für Schüler zugänglich im Sekretariat zum Abholen bereitsteht.

Die Namen der Schüler, die diese Dienste eine Woche lang versehen, sollten Sie zur Information für alle Fachlehrer im Klassenbuch notieren. Zudem bietet es sich an, im Klassenraum eine Liste auszuhängen, in der die Schüler für die Wochen des Halbjahres eingetragen sind. Ob das in alphabetischer Reihenfolge geschieht oder ob sich die Schüler selbstständig einen Partner für eine Woche ihrer Wahl suchen, ist Ihnen überlassen.

Tafel-, Kreide- und Ordnungsdienst

KV 7

Tafel-, Kreide- und Ordnungsdienst KV 7

Schuljahr ________ / ____ Halbjahr

Datum/Woche	Name	Name	Ok?

4.5 Freiarbeitsmaterialien

Oftmals ist es gerade zu Beginn von Klasse 5 noch so, dass die Schüler in sehr unterschiedlichem Tempo arbeiten. Der Letzte hat noch nicht mit der Aufgabe begonnen, wenn der Erste schon ruft, er sei fertig. Als Lehrer muss man versuchen, möglichst keine Langeweilephasen aufkommen zu lassen. Gerade die schnellen Schüler möchten weitere Aufgaben bearbeiten.

Zum einen bietet es sich an, als Lehrer **binnendifferenzierte Aufgaben** zu stellen, sodass gute Schüler mit der gleichen Aufgabe deutlich länger beschäftigt sind als weniger gute oder einfach nur langsame Schüler. Allerdings ist das nicht für jede Schulstunde und für jede Aufgabe leistbar. Eine sinnvolle Alternative sind **Freiarbeitsordner**, die im Regal der Schüler stehen können. Heften Sie in diesen Kopien ab, die die Schüler sich auf Nachfrage herausnehmen und selbstständig bearbeiten können. Sinnvoll ist es auch, laminierte Musterlösungen im Ordner abzuheften, sodass die Schüler ihre Lösungen selbstständig kontrollieren können, ohne dass darauf noch einmal im Unterricht eingegangen werden muss. Es bietet sich an, zwischen zwei Rubriken im Ordner zu unterscheiden: Heften Sie einerseits Arbeitsmaterialien ab, mit denen **Grundlagen** Ihres Faches **wiederholt** werden können. Das können und sollten durchaus auch Grundlagen sein, die die Schüler bereits in der Grundschule gelernt haben. Heften Sie andererseits auch Arbeitsmaterialien ab, die eher der **Förderung von starken Schülern** dienen: z. B. Knobelaufgaben, Aufgaben, die über den Stoff des Lehrplans hinausgehen, Kreativaufgaben. Denken Sie regelmäßig daran zu kontrollieren, ob noch genügend Kopien im Ordner vorhanden sind.

Die Freiarbeitsordner bieten über den Einsatz in Ihrem Unterricht hinaus noch einen weiteren Vorteil: Sollten Sie einmal erkrankt oder kurzfristig verhindert sein, Ihren Unterricht selbst zu halten, so können Sie dem **Vertretungslehrer** einfach mitteilen, dass die Schüler Arbeitsblätter aus dem Freiarbeitsordner erledigen und selbstständig kontrollieren sollen. Ihre Schüler werden auf jeden Fall sinnvoll beschäftigt sein, auch wenn Sie nicht da sind. Wenn Sie als Klassenlehrer ein solches System organisieren, können auch die anderen in der Klasse unterrichtenden Fachlehrer mit einsteigen. Das Lernen Ihrer Schüler findet so stets auf einer soliden Materialbasis statt.

5 Klassenregeln und -rituale

Gerade Schüler der 5. und 6. Klasse sind noch sehr regelbewusst. Regeln und Rituale geben ihnen Sicherheit und sie erleichtern das Zusammenleben in einem zunächst fremden sozialen Umfeld. Wenn Regeln und Rituale sorgsam entwickelt und vereinbart worden sind, sind sie zugleich eine große Hilfe bei Konflikten in der Klasse.

Je eher Sie dazu kommen, mit der ganzen Klasse verbindliche Regeln zu erarbeiten, umso besser. Spätestens in der zweiten Woche sollten Sie sich im Unterricht die Zeit dafür nehmen, damit sich problematische Verhaltensweisen gar nicht erst etablieren.

5.1 Regeln gemeinsam erarbeiten

Regeln sind für Ihre Schüler nichts Neues. Spätestens seit dem Kindergarten sind sie es gewohnt, dass es Regeln gibt, an die sie sich halten müssen. Ebenso ist es ihnen vertraut, dass ein Zuwiderhandeln sanktioniert wird. Nutzen Sie diese Vorerfahrungen Ihrer Schüler beim Aufstellen der Regeln für die neue Klasse. Fragen Sie sie, welche Regeln sie aus der Grundschule kennen, welche gut funktioniert haben und welche nicht. Erkundigen Sie sich, was in der Grundschule passiert ist, wenn man sich nicht an Regeln gehalten hat. Wichtig ist dabei, dass die Schüler erkennen, dass Regeln vor allem dazu da sind, dass sich alle Schüler in der Klasse / im Unterricht wohlfühlen und man konzentriert lernen kann. Machen Sie Ihren Schülern deutlich, dass jeder einzelne in der Klasse Verantwortung dafür trägt.

In vielen Politikbüchern der Jahrgangsstufe 5 sind Klassen- und Verhaltensregeln ein Thema. Hat Ihre Klasse im ersten Halbjahr Politikunterricht, sprechen Sie mit dem entsprechenden Fachkollegen, ob er Sie an dieser Stelle entlasten und das Thema direkt zu Beginn des Schuljahres in seinem Unterricht behandeln kann. Ist dies nicht möglich, finden Sie im Folgenden einige Hinweise und Tipps, was Sie bei der Erstellung von Regeln beachten sollten.

In einer Schule beziehen sich Regeln auf verschiedene Bereiche. Zum einen gibt es die für alle verbindlichen Grundregeln, die in der **Schulordnung/Hausordnung** festgelegt sind. Zum anderen sollten Sie mit Ihrer Klasse sogenannte **Klassenregeln** aufstellen. Darüber hinaus ist es möglich, Sanktionen bei Regelverletzung oder auch Belohnungen bei regelkonformem Verhalten gemeinsam mit der Klasse zu erarbeiten.

Bevor Sie das Thema mit Ihren Schülern besprechen, sollten Sie sich selbst überlegen, welche Klassenregeln Sie für unumgänglich halten. Zudem gilt es abzuklären, welche Regeln allgemein in der Schule verbindlich sind. Generell gehen in jedem Lehrerkollegium die Vorstellungen darüber, welches Verhalten richtig und welches falsch ist, weit auseinander. Als Beispiele seien hier nur die Schlagwörter „Essen/Trinken im Unterricht“, „Kaugummikauen“ und „Handynutzung“ genannt. Für den einen Kollegen ist es völlig in Ordnung, wenn seine Schüler im Unterricht ungefragt zur Trinkflasche greifen, für den nächsten ist das absolut unvorstellbar. Da Ihre Schüler es in Zukunft täglich mit verschiedenen Fachkollegen zu tun haben, ist es sinnvoll, die Regeln so aufzustellen, dass alle Schüler der Klasse und die sie unterrichtenden Kollegen mit den Regeln einverstanden sind.

Gängige und **weithin akzeptierte Regeln** sind:

- Wir lassen einander ausreden und hören uns aufmerksam zu.
- Es wird niemand körperlich angegangen, fertiggemacht, beleidigt, ausgelacht o.Ä.

- Wir können uns untereinander vertrauen und behalten Geheimnisse für uns.
- Jeder darf Fehler machen, ohne Angst zu haben, dafür ausgelacht zu werden.

Regeln, die eingeführt werden können, aber von Kollegen schon mal als unterschiedlich wichtig eingestuft werden, sind:

- Im Unterricht wird nicht gegessen.
- Im Unterricht wird nicht getrunken.
- Kaugummis sind im Unterricht verboten.
- Mützen und Kappen sind im Unterricht abzusetzen.

Eine Möglichkeit, Regeln in Ihrer Klasse einzuführen, ist die **Think-Pair-Share-Methode** (auch: Ich-Du-Wir). Fordern Sie die Schüler dafür zunächst auf, in Stillarbeit fünf Regeln zu notieren, die sie für eine gute Klassengemeinschaft für wichtig halten. Anschließend tauschen sich die Schüler mit ihrem jeweiligen Nachbarn aus und einigen sich auf fünf Regeln, die sie für die wichtigsten halten. Diese werden auf Karteikarten notiert. Im anschließenden Schritt einigen sich die Schüler z. B. in Vierer- oder Sechsergruppen auf die fünf wichtigsten Regeln. Hier bietet es sich an, dass bei Vierergruppen vier Regeln und bei Sechsergruppen sechs Regeln ausgewählt werden, damit am Ende jeder Schüler eine Karteikarte in der Hand hat. Im letzten Schritt werden die Schüler gebeten, die Karteikarten an die Tafel zu heften. Dabei sollen sie darauf achten, dass sie gleiche/ähnliche Regeln zusammenhängen. In einem gemeinsamen Unterrichtsgespräch entfernen Sie doppelte oder ähnliche Regeln. Am Ende ergibt sich ein Bild, welche Regeln die Klasse sich selbst geben möchte. Meistens kommen so alle Regeln zusammen, die auch Sie den Schülern gegeben hätten. Sollte doch einmal eine in Ihren Augen wichtige Regel fehlen, können Sie diese am Ende ergänzen. Begründen Sie gegenüber den Schülern, warum Sie diese auch noch für wichtig halten.

Die Karteikarten können Sie am Ende der Stunde entweder auf ein großes Plakat mit der Überschrift „Unsere Klassenregeln" kleben und im Klassenraum aufhängen, oder Sie bitten einen Schüler, die Karteikarten und ein Plakat mit nach Hause zu nehmen und die Regeln auf das Plakat zu übertragen. In jedem Fall sollten die Klassenregeln zu Beginn des Schuljahres im Klassenraum für alle gut sichtbar aushängen. So wissen auch die Fachkollegen, auf welche Regeln sich die Klasse geeinigt hat.[1]

5.2 Regeln einhalten

Auch wenn Sie Ihre Schüler bei der Erstellung der Regeln mit einbezogen haben, dürfen Sie nicht enttäuscht sein, wenn sich nicht immer alle an alle Regeln halten. Je konsequenter Sie aber von Beginn an auf die Einhaltung der Regeln pochen, umso weniger Regelverstöße werden Sie im Laufe der Zeit registrieren.

Regelverstöße von Schülern beginnen oft damit, dass sie sich nicht mehr an der eigentlichen Kommunikation beteiligen und auf einer eigenen „Nebenbühne" aktiv werden, d. h. sie sind im Sinne des Unterrichts nicht mehr „aufmerksam". Eine bewährte Methode, ihnen einen solchen Regelverstoß klarzumachen, ist das Verfahren **„Letzter Satz"**: Ist ein Schüler allem Anschein nach unerlaubt so sehr mit anderen Dingen beschäftigt, dass er dem Unterricht nicht mehr folgen kann, wird er aufgefordert, den letzten Satz

1 Weitere ausführlich beschriebene Ideen, wie man Klassenregeln einführen kann, finden Sie in dem Ordner „Erwachsen werden" des Lions Club International, der in vielen Schulen zur Verfügung steht. Siehe Ellen Wilms / Heiner Wilms: Erwachsen werden. Life-Skills-Programm für Schülerinnen und Schüler der Sekundarstufe I. Handbuch für Lehrerinnen und Lehrer. Lions Club International, Wiesbaden 2004.

zu wiederholen, den ein Mitschüler oder der Lehrer gerade gesagt hat. Ist er dazu in der Lage (manche Schüler können durchaus auf zwei Bühnen gleichzeitig spielen und sind damit im Unterricht weiterhin aufmerksam), bleibt das registrierte Verhalten folgenlos. In den meisten Fällen aber kann der Schüler den „letzten Satz“ nicht wiederholen. Dann sollte eine Konsequenz folgen.

Bei Regelverstößen, z. B. wenn ein Schüler den Unterricht massiv stört, gibt es **verschiedene Sanktionsmöglichkeiten.** Hier muss jeder das zu ihm Passende finden. Wichtig ist, dass Sie den Kindern von Beginn an klarmachen, was passiert, wenn sie sich nicht an Regeln halten. Weiterhin ist entscheidend, dass Sie die Sanktionen konsequent umsetzen.

Gerade bei den jüngeren Schülern bietet sich die weit verbreitete **Rote Karte** an. Diese kann man in mehrfacher Ausführung – ausgedruckt auf rotem Papier und laminiert – immer in der Schultasche dabei haben. Man sollte ein Vorwarn-System einführen, sodass die Schüler Bescheid wissen, wenn sie ab einem bestimmten Zeitpunkt aufpassen müssen, um nicht die Rote Karte zu erhalten. Analog zum Fußball bietet es sich an, zuvor Gelbe Karten zu verteilen. Das kann z. B. geschehen, indem man Schülernamen an die Tafel schreibt, wenn sie stören. Fallen sie dann erneut auf, erhalten sie von Ihnen die Rote Karte, die sie zu Hause abschreiben und von den Eltern unterschreiben lassen müssen.

Diese Sanktionsmöglichkeit bedeutet für Sie als Lehrer – abgesehen von dem einmaligen Anfangsaufwand, die Karten zu erstellen – keinerlei zusätzliche Arbeit. Für den Schüler allerdings schon. Er muss sich zu Hause hinsetzen und die vielen Wörter abschreiben.

Rote Karte

Rote Karte KV 8

Rote Karte

Das darf doch nicht wahr sein! Ich habe von ____________________ die Rote Karte erhalten und muss diesen Text jetzt fehlerfrei abschreiben. Dabei habe ich doch nur ganz kurz gestört und war auch gar nicht laut. Überhaupt: Stören die anderen Schülerinnen und Schüler etwa nie den Unterricht?

Wie kann es sein, dass ausgerechnet ich erwischt wurde? Hat der Lehrer sich vielleicht versehen? Oder hat er doch irgendwie recht?

Naja, abgelenkt war ich schon, und ich weiß natürlich nicht, was der Lehrer alles wahrnimmt. Vielleicht habe ich auch schon vorher den Unterricht gestört. Ich war ja schon ermahnt worden, da hätte ich es danach wirklich nicht mehr darauf anlegen sollen.

Warum störe ich eigentlich den Unterricht? War mir vielleicht langweilig oder musste ich ganz dringend etwas besprechen? Hätte ich das nicht in der Pause machen können? Warum versuche ich nicht einmal, mich am Unterricht zu beteiligen, statt ihn zu stören, wenn mir langweilig ist? Dann bekäme ich nicht nur eine gute Note, sondern müsste auch diese blöde Karte nicht abschreiben. Ich habe wirklich Besseres zu tun und der Lehrer mit Sicherheit auch.

In den nächsten Stunden sollte ich gut aufpassen, dann läuft es für alle besser.

KV 8

Im Vergleich zur unliebsamen Abschreibearbeit im Zusammenhang mit der Roten Karte, die den Schülern als genauso lästig wie das Stören des Unterrichts verkauft werden sollte, bietet die Sanktionsmöglichkeit des **Stundenprotokolls** zudem einen inhaltlichen Mehrwert, eignet sich aber eher für ältere Schüler. Ähnlich wie bei der Roten Karte sollten Schüler auch hier vorgewarnt werden, bevor sie ein Protokoll schreiben müssen. Neben dem Stundenprotokoll können die Schüler zusätzlich den Auftrag erhalten, für ihre Mitschüler eine zum Stundeninhalt passende Aufgabe mit Musterlösung anzufertigen.

Stundenprotokoll

Stundenprotokoll KV 9

KV 9

Datum: ________

Aufgrund wiederholten Fehlverhaltens im Unterricht ist folgende Person verpflichtet, ein Stundenprotokoll der heutigen Stunde und eine Beispielaufgabe zum Thema der Stunde als positiven Unterrichtsbeitrag zu erstellen.

Die **Abgabe des Protokolls** erfolgt unaufgefordert **spätestens in der nächsten Stunde!**

Name: ____________ Klasse: ________ Datum: ________

Protokoll mit **mindestens acht Sätzen**, die die heutige Stunde zusammenfassen:

____

____

____

____

Erfolgt das Stören des Unterrichts eher durch **negatives Sozialverhalten**, indem z. B. Mitschüler bei falschen Antworten ständig ausgelacht werden, bietet es sich an, den Schüler über die Konsequenzen seines Verhaltens nachdenken zu lassen. Fordern Sie ihn z. B. auf, einen Aufsatz mit dem Thema „Warum ich meine Mitschüler bei falschen Antworten nicht auslachen sollte!" zu schreiben. Geben Sie vor, dass dieser mindestens eine halbe Seite oder auch eine ganze Seite lang sein sollte und dass die Buchstaben dabei eine bestimmte Größe nicht überschreiten dürfen.

Egal, für was man sich als Lehrer entscheidet: Die Erfahrung zeigt, dass es sinnvoll ist, wenn alle Fachlehrer einer Klasse an einem Strang ziehen. Versuchen Sie daher als Klassenlehrer, die Fachlehrer der Klasse mit ins Boot zu holen. Geben Sie ihnen z. B. die Rote Karte weiter und bitten Sie sie, diese in ihrem Fachunterricht ebenfalls einzusetzen.

Generell sollten Sie auch überlegen, statt zu vieler Bestrafungen bei Nichtbeachtung besser **Belohnungen** für regelgerechtes Handeln in Aussicht zu stellen. Warum nicht mal eine positive Notiz ins Hausaufgabenheft schreiben, wenn sich ein Schüler eine ganze Woche lang konstruktiv gezeigt hat? Oder einen Hausaufgaben-frei-Gutschein verteilen, wenn ein Schüler es vier Wochen in Folge geschafft hat, nicht gegen eine Regel zu verstoßen?

5.3 Den Klassenrat nutzen

Ein Modell der Schüler-Selbststeuerung, das viele Kinder aus der Grundschule bereits kennen, ist der **Klassenrat.** Er bildet einen institutionellen Rahmen für die Einhaltung von Regeln, aber auch für die Artikulation von Bedürfnissen und die Organisation des fairen Miteinanders in der Klasse. Ein Klassenrat als ritualisierte Selbststeuerung der Schüler hält sich z. B. an folgende Regeln:

- Die Klasse wählt einen **Moderator** und seinen Stellvertreter. Beide leiten den Klassenrat.
- Der Klassenlehrer und/oder der Moderator führen ein **Klassenratsheft**, in das die Schüler Themen eintragen können, die im Klassenrat besprochen werden sollen. Das Heft hat auf jeder Seite drei Spalten mit Überschriften wie: „Ich möchte einen Vorschlag machen." / „Mich regt etwas auf." / „Das muss ich loben." Es dürfen nur Anliegen eingetragen werden, die die ganze Klasse betreffen, also z. B. keine Bemerkungen, die sich auf Streitereien zwischen Einzelnen beziehen. Auch Sie als Klassenlehrer können etwas in das Klassenratsheft eintragen. Der Moderator des

Klassenrates stellt anhand dieser Einträge eine **Tagesordnung** mit Themen zusammen, die er für besonders interessant oder klärungsbedürftig hält.

- Der Klassenrat findet in den Klassen 5 und 6 zunächst wöchentlich statt, am besten in einer Klassenleitungsstunde. Später kann zu einem anderen **Beratungsturnus** übergegangen werden. Während der Sitzung wird in der Reihenfolge der Tagesordnung über die vorgeschlagenen Themen diskutiert. In manchen Fällen haben sich die Gemüter nach Festlegung der Tagesordnung bereits wieder beruhigt, die Aufregung hat sich gelegt. Daher werden nicht alle zuletzt eingetragenen Sachverhalte ausführlich behandelt. Aber die Tagesordnung wird immerhin mit allen Punkten verlesen. Die Garantie, dass keine Eintragung verlorengeht, aber nur die wirklich wichtigen Themen eingehend besprochen werden können, wirkt selbstdisziplinierend. Während der Klassenratssitzungen hält ein Protokollant alle Beschlüsse und Abstimmungsergebnisse kurz fest, sodass später überprüft werden kann, ob alles umgesetzt wurde.
- Der Klassenlehrer kann den Klassenraum verlassen, wenn sich das Ritual eingespielt hat und die Klasse es insgesamt gewohnt ist, **Verantwortung** für sich selbst zu übernehmen. Natürlich kann der Klassenlehrer jederzeit zu einem Tagesordnungspunkt oder zu einer kompletten Sitzung eingeladen werden.

Ein Vorteil der Institution „Klassenrat" ist: Der Klassenlehrer ist nicht mehr allein für die Einhaltung von Regeln und die Weiterentwicklung des sozialen Klassengefüges verantwortlich, sondern den Schülern wird eine institutionalisierte, demokratische Struktur vermittelt, mit der sie gemeinsam nach Lösungen suchen können. Dabei ist der Klassenlehrer zugleich nicht mehr verpflichtet, laufend und spontan auf Störungen zu reagieren, was schnell ermüdend sein kann. Das zeitraubende Ansinnen, laufend „mal eben" etwas zu besprechen, entfällt. Im pädagogischen Alltag fühlen Sie sich als Klassenlehrer spürbar entlastet.

5.4 Mit Konflikten angemessen umgehen

In den Klassen 5 und 6 kommt es noch nicht allzu häufig zu Konflikten, die von psychischen Dynamiken der Pubertät (Provokationen, Machtauseinandersetzungen) geprägt sind. Meistens handelt es sich noch um sachlich geprägte Auseinandersetzungen. Folgende Empfehlungen sollen dabei helfen, Konflikte mit Schülern auf der sachlichen Ebene zu halten und sie angemessen auszutragen:

- Signalisieren Sie Ihr Interesse an einem **konstruktiven Meinungsstreit** auf Augenhöhe. Formulieren Sie Argumente und fordern Sie auch von den Schülern Argumente ein. Vermitteln Sie **Respekt** vor Argumenten, die verschiedene Positionen stützen.
- Reagieren Sie bei Unterstellungen oder Beleidigungen nicht persönlich-emotional, sondern gehen Sie auf die Metaebene, und machen Sie dem betreffenden Schüler klar, dass diese Mittel in einem Gespräch **psychischen Druck** aufbauen oder andere **verletzen** und nicht der **sachlichen Klärung** dienen.
- Verzichten Sie in Konfliktsituationen ganz auf **Ironie.** Sie wirkt auf viele Schüler verletzend bzw. verunsichernd, da die Schüler mit der Vielschichtigkeit der Aussageebenen noch nicht umgehen können.
- Trainieren Sie mit Ihren Schülern in diesem Sinne ihre **Konfliktkompetenz.**

Insbesondere in Konflikten zwischen Schülern, bei denen Sie nicht zugegen sind, sind Kinder in Klasse 5 oder 6 auf **Methoden der Konfliktregulierung** angewiesen. Konflikte zwischen Schülern entstehen in vielen Situationen auch daraus, dass sie die **Grenzen** zwischen „Spaß" und „Ernst" unterschiedlich ziehen und dass sie oft nicht überblicken, dass ihr Handeln für andere bereits einen grenzverletzenden Übergriff darstellt, während sie sich selbst noch im „Spaß“-Modus wähnen. In solchen Situationen hat sich die **Stopp-Regel** bewährt: Jeder hat das Recht, „Stopp!“ zu sagen und damit zu signalisieren, dass eine Situation unangenehm für ihn geworden ist. Wenn jemand laut „Stopp!“ sagt, sind alle anderen verpflichtet, von dem Mitschüler abzulassen.

5.5 Streitschlichter einsetzen

Kommt es zu tiefgreifenden Streitereien oder gar tätlichen Auseinandersetzungen unter Schülern, kann eine Streitschlichtung stattfinden. An vielen Grundschulen ist dieses Verfahren institutionalisiert. Die Streithähne treffen sich zu einem klärenden Gespräch, das von eigens dazu ausgebildeten Streitschlichtern moderiert wird. Diese wissen, dass ein Streit – zu unterschiedlichen Teilen – oft beidseitig verursacht wurde.

Die Streitschlichter tragen zunächst das Grundprinzip der Streitschlichtung vor, nämlich dass allen Beteiligten das **Recht auf gewaltfreie Konfliktlösung** zugebilligt wird. Die Streitenden verpflichten sich zu einer solchen gewaltfreien Lösung des Konflikts. Anschließend machen die Streitschlichter den Streitenden klar, dass ungelöste Konflikte auch weiterhin zu unvermuteten, auch gewaltsamen Gefühlsausbrüchen, Heimlichkeiten, verdeckten Angriffen, Intrigen bis hin zu offener Gewalt führen können. Eine schnelle Konfliktlösung ist deshalb erstrebenswert.

Die Streitschlichter helfen den Streithähnen, dass sie **konstruktiv streiten lernen** und einen Ausweg aus ihrem Zerwürfnis finden. Sie zeigen den Kontrahenten, wie man

- seine eigene Position gedanklich besser klären und die eigenen Argumente ruhig vorbringen kann,
- gute Argumente der Gegenseite akzeptieren lernt,
- einen strittigen Sachverhalt ruhig und ohne verletzende Formulierungen miteinander ausdiskutieren kann,
- am Kontrahenten, den man gerade noch „gehasst“ hat, neue und positive Seiten entdecken kann.

Damit schaffen die Streitschlichter die nötige emotionale Basis dafür, dass der Streit wirklich gelöst wird. Das Verfahren der Streitschlichtung findet in einer bewährten, ganz bestimmten Schrittfolge statt.

Regeln für eine Streitschlichtung

Regeln für eine Streitschlichtung KV 10

© Dorina Tessmann

Wenn es in der Klasse zu Streit kommt, solltet ihr euch bei der Schlichtung dieses Konflikts an die folgenden Regeln halten:

- Einige Schüler übernehmen die Rolle der Streitschlichter. Sie sind strikt *neutral* und äußern *keine eigene Meinung*. (An manchen Grundschulen sind einige Schüler bereits zu Streitschlichtern ausgebildet worden. Auch an weiterführenden Schulen

KV 10

Vielleicht haben Sie Schüler mit einer Streitschlichter-Ausbildung in der Klasse. Fragen Sie am Anfang von Klasse 5 nach, ob einige Schüler diese Kompetenzen aus der Grundschule mitgebracht haben. Dann können Sie einen ernsthaften Streit möglicherweise in der Klasse schlichten lassen; ansonsten sind Sie auf ältere Schüler angewiesen. Das Streitschlichter-Programm ist an vielen Schulen seit Jahren etabliert. Motivieren Sie Ihre Schüler, daran teilzunehmen.

5.6 Unangebrachtes Sozialverhalten überdenken

In jeder Klasse kommt es früher oder später dazu, dass einzelne Schüler sich nicht an Regeln halten. Wichtig ist es in solchen Fällen, von Anfang an **konsequent** zu handeln. Haben die Schüler erst einmal das Gefühl bekommen, dass sie die Regeln verletzen können, ohne dass unmittelbar Konsequenzen folgen, endet die Klassengemeinschaft schnell im Chaos.

An vielen Schulen hat es sich etabliert, dass die Hausordnung abgeschrieben werden muss, wenn Schüler sich z. B. nicht an die Pausenregeln gehalten haben. Haben die Schüler mit ihrem Verhalten der **Schulgemeinschaft** geschadet, kann man sie dazu auffordern, ihr im Gegenzug nun etwas Gutes zu tun: z. B. die Tische von Kaugummis und Schmierereien zu befreien, das Laub auf dem Schulhof aufzufegen oder Müll vom Boden aufzusammeln. Damit die Schüler diese Maßnahmen auch als ernstgemeinte Sanktion wahrnehmen, sollten diese auf keinen Fall zu Unterrichtszeiten stattfinden, sondern nach Schulschluss. Gerade ein Verlust von Freizeit führt dazu, dass Schüler sich zukünftig eher an die Regeln halten.

Stören Schüler mit ihrem Verhalten den **Klassenfrieden**, ist es angebracht, dass sie über ihr Verhalten schriftlich nachdenken. Auch das kann im Anschluss an den Unterricht in der Schule geschehen oder als Hausaufgabe zu Hause erledigt werden. Eine umfangreiche Aufgabe dazu bietet das sogenannte **Klassen-Abc**, bei dem Schüler zu jedem Buchstaben des Alphabets zu einem vorgegebenen Beispiel (z. B. für A – Akzeptanz anderer und R – Regeln einhalten) begründen müssen, warum diese Eigenschaft wichtig ist, damit das Lernen in einer Klasse effektiv stattfinden kann und auch noch Spaß macht.

Das Klassen-Abc

Das Klassen-Abc KV 11

Aufgabe 1: Warum hat der Lehrer / die Lehrerin reagiert?
Ärgerlicherweise musst du heute aufgrund von unangemessenem Verhalten in der Schule hier sitzen. Was sind deiner Meinung nach die Gründe, warum zu dieser Maßnahme gegriffen wurde? Kannst du diese Gründe nachvollziehen? Beantworte schriftlich auf der Rückseite!

Aufgabe 2: Eine klasse Klasse!
Begründe für jeden Buchstaben des unten abgebildeten Klassen-Abc schriftlich, warum die aufgeführten Beispiele wichtig sind, damit das Lernen in einer Klasse effektiv erfolgen kann und auch noch Spaß macht.

- **A** Aufgaben in der Klasse übernehmen
- **B** Benehmen fördert das Lernklima
- **C** Chaoten die kalte Schulter zeigen
- **D** Demütigungen anderer verhindern
- **E** Ereignisse auch mal feiern
- **F** Fragen im Unterricht erwünscht
- **G** Gleichberechtigung für alle Klassenmitglieder
- **H** Handys ausschalten
- **I** Ideen einbringen

KV 11

Bei allen Maßnahmen, die Sie als Sanktion gegen regelwidriges Verhalten ergreifen können, hat es sich als sinnvoll erwiesen, die **Eltern davon in Kenntnis zu setzen.** Verlangen Sie am besten von dem Schüler, die Zusatzarbeit von den Eltern unterschreiben zu lassen. Bei nicht-schriftlichen Zusatzaufgaben, wie z. B. dem Reinigen der Tische, hinterlassen Sie für die Eltern eine kurze schriftliche Notiz im Hausaufgabenheft, wann ihr Kind aus welchen Gründen später nach Hause kommen wird, und bitten darum, dass sie diese Nachricht abzeichnen.

5.7 Rituale in den Klassen 5 und 6

Rituale sind den Schülern aus Kindergarten und Grundschule bestens vertraut. Rituale geben Kindern **Sicherheit**, besonders zu Beginn der weiterführenden Schule. Sie rhythmisieren den Alltag und haben einen Wiedererkennungswert. Sie können Rituale in verschiedene Unterrichtsphasen einbauen und unterschiedlich gestalten. Von Vorteil ist es, wenn die Fachlehrer einer Klasse die gleichen Rituale nutzen.

Doch Rituale geben nicht nur Sicherheit, sie bieten Ihnen im Alltag auch viele Vorteile. Haben Sie z. B. mit Ihrer Klasse ritualisiert, wer welche Aufgabe beim Wechsel von Sozialformen des Lernens und einer entsprechenden Veränderung der Sitzordnung übernimmt, lässt sich in kürzester Zeit ohne großes Durcheinander aus einer Hufeisensitzordnung eine Gruppentischanordnung erstellen. Solche **Rituale für strukturiertes Handeln** ersparen Ihnen im Unterrichtsalltag viel wertvolle Zeit.

Führen Sie zu Beginn des Schuljahres mit Ihrer Klasse Rituale ein. Ein bekanntes, gängiges Ritual ist das **Begrüßungsritual** zu Stundenbeginn: In vielen Schulen stehen die Schüler zu Stundenbeginn auf und begrüßen den Lehrer, der ebenfalls steht. So wird das „Wir-Gefühl" der Klasse symbolisch erkennbar und alle Schüler wissen, dass der Unterricht nun startet. Weitere Rituale, die Sie mit Ihrer Klasse einführen können, sind Rituale zum Wocheneinstieg, zur Reflexion der vergangenen Woche – dieses Ritual kann z. B. vom Klassenrat (vgl. Kapitel 5.3) übernommen werden –, zur gemeinsamen Unterrichtsplanung usw. Auch ein sogenannter **Kummerkasten** kann ein Ritual innerhalb der Klasse darstellen: Sie stellen in der Klasse einen Kasten aus Holz oder steifem Karton auf, der oben einen Schlitz hat. In den Kasten kann jeder Schüler „Beschwerdebriefe" werfen, wenn er sich über einen Klassenkameraden oder einen personenungebundenen Sachverhalt aufgeregt hat. Der Kasten darf von den Schülern der Klasse nicht geöffnet werden. Er wird regelmäßig von Ihnen in Anwesenheit der Klasse geleert, zum Beispiel im Rahmen einer wöchentlichen Klassenleiterstunde; alle „Beschwerdebriefe" werden dann nach und nach von Ihnen verlesen und mit der Klasse besprochen.

Ebenso bieten sich **Rituale für eine ruhige Lernumgebung** an. Der **„Leise-Fuchs"** oder das **„Stumme Ruhesignal"** sind Beispiele dafür. Manchmal reagieren Lehrer auf die wachsende Lautstärke in der Klasse damit, dass sie ihre eigene Stimme immer mehr anstrengen. Probieren Sie es einmal mit dem genauen Gegenteil: Bei Unruhe in der Klasse heben Sie die Hand, ohne etwas zu sagen. Es ist vereinbart, dass die Schüler das Signal möglichst schnell aufnehmen, selbst verstummen und ihre noch unaufmerksamen Mitschüler schnell anstupsen, damit sie ebenfalls stumm werden. Wenn alle ruhig sind, ist das Ritual zu Ende und der Unterricht geht deutlich leiser weiter.

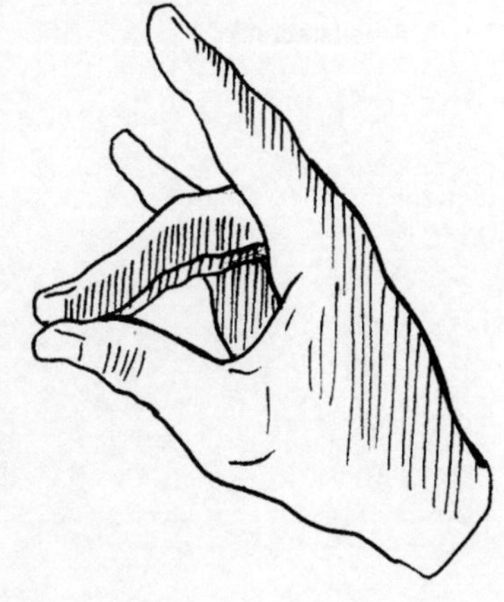

6 Lernstrategien, Methoden und Förderstrukturen

Die weiterführende Schule sollte in den Klassenstufen 5 und 6 einige allgemeinpädagogische Zielsetzungen in besonderer Weise verfolgen. Dabei sind vor allem Sie als Klassenlehrer gefragt. Zum Beispiel sollten die lernmethodischen Fähigkeiten der Schüler geprüft und – wenn nötig – intensiv weiterentwickelt werden, denn sie sind Voraussetzung dafür, dass den Schülern das Lernen in den Einzelfächern gelingt. Aber auch andere Aspekte der Förderung Ihrer Schüler sollten Sie im Blick behalten.

6.1 Das Lernen lernen

An manchen Schulen werden die lernmethodischen Kompetenzen der Schüler in Klasse 5 oder auch Klasse 6 in einem eigenen **Fach „Lernen lernen“** weiterentwickelt und trainiert. Ist das nicht der Fall, können Sie als Klassenlehrer mit Ihren Schülern gezielt an diesen lernmethodischen und lernstrategischen Kompetenzen arbeiten. Es empfiehlt sich, darin auch alle Kollegen einzubeziehen, die in Ihrer Klasse unterrichten. Dazu ist eine gemeinsame Verständigung auf ein **kleines Methodencurriculum** hilfreich, das den Unterricht in allen Fächern methodisch rahmt. Das Methodencurriculum kann z. B. umfassen:

- Instrumente für Schüler zur Selbstdiagnose, z. B. ein allgemeines **Stärken- und Schwächenprofil,**
- Selbstdiagnose zur **Zielklärung,**
- Selbstdiagnose zum **Umgang mit Gefühlen,**
- selbstdiagnostischer Fragebogen zur persönlichen **Arbeitstechnik.**

Stärken- und Schwächenprofil

Selbstdiagnose: Darin will ich besser werden!

Selbstdiagnose: Mein Umgang mit Gefühlen

Fragebogen: Persönliche Arbeitstechnik

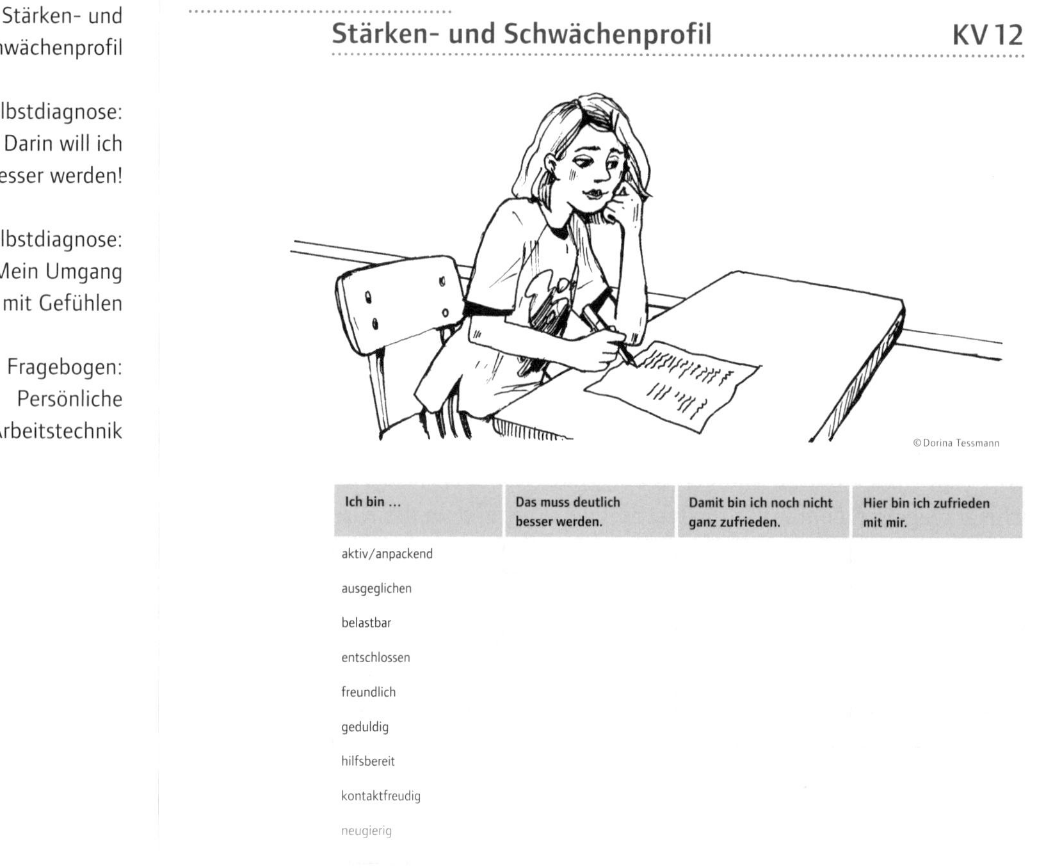

Stärken- und Schwächenprofil KV 12

© Dorina Tessmann

Ich bin ...	Das muss deutlich besser werden.	Damit bin ich noch nicht ganz zufrieden.	Hier bin ich zufrieden mit mir.
aktiv/anpackend			
ausgeglichen			
belastbar			
entschlossen			
freundlich			
geduldig			
hilfsbereit			
kontaktfreudig			
neugierig			

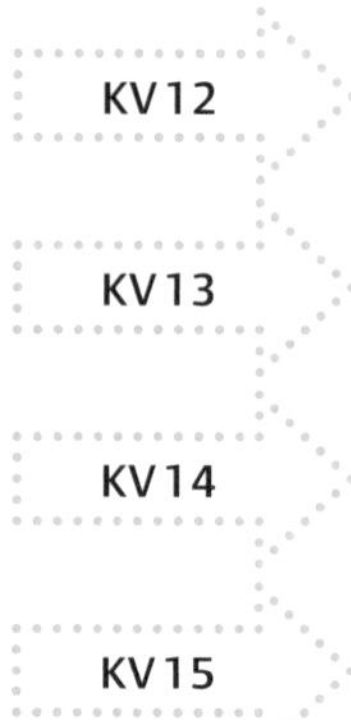

In einem strukturierten Gespräch können Sie einzelne Schüler mit deren Selbstdiagnosen, mit Ihren eigenen Beobachtungen oder mit den Beobachtungen von Mitschülern konfrontieren. Dabei ergeben sich meist interessante **Entwicklungsgespräche** (zum Verfahren des Förderplangesprächs, einer strukturierten Form des Entwicklungsgesprächs, siehe Kapitel 6.2).

Sie können auch mit allen Schülern gemeinsam die folgenden lernmethodischen und lernstrategischen Schwerpunkte setzen:

- **Zeitmanagement:** Unterhalten Sie sich mit den Schülern darüber, ob sie in selbstständigen Arbeitssituationen – z. B. bei Hausaufgaben – eine bestimmte Strategie verfolgen, sich ihre Zeit einzuteilen. Wie gehen sie bei Klassenarbeiten vor? Setzen die Schüler sich Zwischenziele? Machen sie kleine Pausen, um sich wieder besser konzentrieren zu können? Gelingt es ihnen, zügig mit der Arbeit zu beginnen, wie sie es sich vorgenommen haben? Oder lassen sie sich ablenken? Was können sie dagegen tun?
- **Portionierung:** Müssen Schüler der Klasse 5 oder 6 mehrere Aufgaben lösen, lassen sie sich oft schon von der schieren Fülle einschüchtern. Dasselbe gilt auch bei Klassenarbeiten. Führen Sie mit den Schülern ein Gespräch darüber, wie sie sich Aufgaben sinnvoll einteilen können. Fragen Sie, welche Strategien der Einteilung sie kennen und anwenden. Am besten beginnt man mit etwas Leichtem, weil es schnell von der Hand geht, und steigert dann die Anforderungen. Welche Schüler verfolgen eine solche Strategie? Welche Erfahrungen machen sie damit? Nehmen Sie sich mit den Schülern einen Tag vor, an dem es viele Hausaufgaben gegeben hat. Fordern Sie die Schüler auf, die Aufgaben in Blöcke von ca. 20 bis 30 Minuten Bearbeitungszeit zu untergliedern. Denken Sie dann mit den Schülern über eine sinnvolle Reihenfolge nach. Welche Aufgaben sind verhältnismäßig einfach und können schnell bearbeitet werden? Diese Aufgaben sollten sich die Schüler zuerst vornehmen, sodass sich Erfolgserlebnisse einstellen. Sorgt die gewählte Reihenfolge auch für Abwechslung?
- **Ordnung:** Die Arbeit geht schneller voran, wenn Schüler auf ein Ordnungssystem zurückgreifen können, das ihnen die Übersicht erleichtert und die nötigen Informationen schnell zugänglich macht. Machen Sie den Schülern klar, dass eine nachlässige Heftführung Zeitverlust bedeutet. Oft gehen Überblick und Durchblick dabei verloren. Leiten Sie ein Gespräch über eine zweckmäßige Heftführung ein. Überzeugen Sie die Schüler davon, dass das wiederholende Lernen vor Klassenarbeiten mit einem übersichtlich und klar strukturierten Heft viel leichter fällt.

Raster zur Heftstrukturierung

KV 16

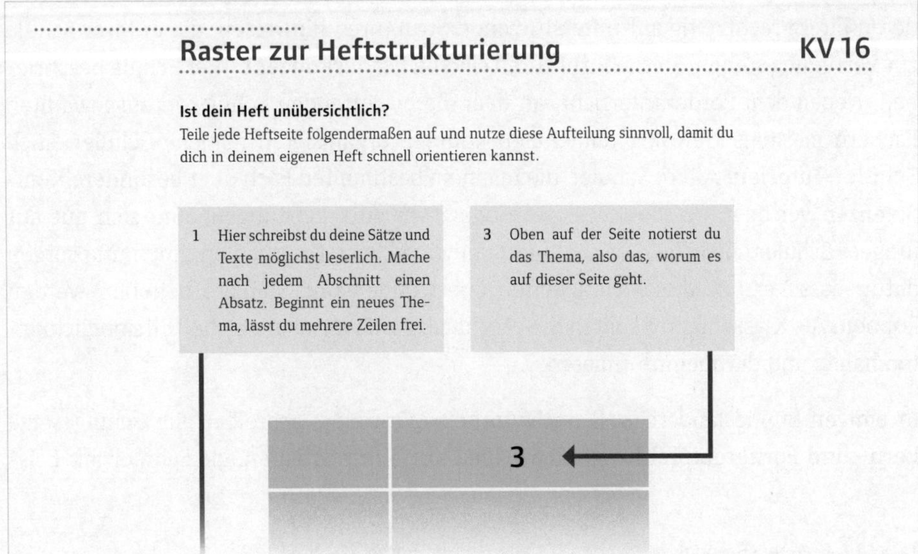

Raster zur Heftstrukturierung — KV 16

Ist dein Heft unübersichtlich?

Teile jede Heftseite folgendermaßen auf und nutze diese Aufteilung sinnvoll, damit du dich in deinem eigenen Heft schnell orientieren kannst.

1 Hier schreibst du deine Sätze und Texte möglichst leserlich. Mache nach jedem Abschnitt einen Absatz. Beginnt ein neues Thema, lässt du mehrere Zeilen frei.

3 Oben auf der Seite notierst du das Thema, also das, worum es auf dieser Seite geht.

- **Wissen speichern:** Vielen Schülern fällt es nicht leicht, nachhaltig zu lernen. Sie können zwar Informationen in ihr Kurzzeitgedächtnis aufnehmen, aber dieses Wissen findet nicht den Weg in ihr Langzeitgedächtnis. Teilen Sie Ihren Schülern mit, dass die Lernpsychologie verschiedene **Mechanismen des Lernens** identifiziert hat:
  1. Das nachhaltige Lernen, das „Behalten", funktioniert dann gut, wenn die Informationsaufnahme nicht direkt nach dem Lernen durch starke Gefühle ausgelöscht wird. Wenn man also unmittelbar nach dem Vokabellernen einen mitreißenden Film anschaut, ist das Gelernte anschließend „weg".
  2. Wenn man zu viel auf einmal lernen und behalten will, kommt davon bei Weitem nicht alles im Gedächtnis an. Es empfiehlt sich daher, Vokabeln z. B. in Zehnerblöcke zu unterteilen und zeitversetzt zu lernen. Planen Sie mit Ihren Schülern, wie man z. B. 30 Vokabeln am besten lernt und was man danach machen sollte.
  3. Die Zeit kurz vor dem Schlafengehen sollte von den Schülern gut und sinnvoll genutzt werden, da das Gehirn im Schlaf besonders aktiv ist, etwas aus dem Kurz- ins Langzeitgedächtnis zu befördern.
  4. Geben Sie auch den Hinweis, hartnäckige Vokabeln „knacken" zu können, indem man sie auf Zettel schreibt, sie an die Zimmertür heftet und in größeren Abständen beim Hinein- und Hinausgehen immer wieder kurz und intensiv anschaut, bis sie endlich „sitzen".
  5. Auch das Verfahren der Lernkartei kann den Schülern weiterhelfen. Vorbereitet wird ein Karteikasten mit mehreren Unterteilungen. Anschließend werden einzelne Wissenselemente wie Vokabeln oder Fachbegriffe auf Vorder- und Rückseiten von Karteikarten notiert und in die erste Abteilung eingeordnet. Der Schüler überprüft mehrfach in größeren zeitlichen Abständen, ob er sein Wissen beherrscht, indem er bei Betrachtung der Vorderseite feststellt, ob er die Lösung auf der Rückseite noch weiß. Ist dies der Fall, kann er die jeweilige Karte in der Kartei eine Abteilung nach hinten rücken. Der Schüler nimmt sich regelmäßig alle Abteilungen der Kartei vor. Ist eine Karte bis ganz nach hinten gewandert, kann sie bei der nächsten erfolgreichen Wissensüberprüfung aus der Lernkartei herausgenommen werden.[1]

6.2 Förderempfehlungen und Förderpläne

Als Klassenlehrer sollten Sie sowohl Schüler, die Lernschwierigkeiten haben, als auch deren Eltern rechtzeitig auf unterstützende Strukturen hinweisen, die in Ihrer Schule zur Verfügung stehen. Solche Strukturen sind im **Förderkonzept** Ihrer Schule beschrieben. Neben dem Förderunterricht, an dem die betreffenden Schüler in ausgewählten Fächern meistens freiwillig teilnehmen können, organisieren manche Schulen auch **Schüler-Tutorien:** Ältere Schüler, die in einem bestimmten Fach über besondere Kompetenzen verfügen (in der Regel gute oder sehr gute Leistungen) und sich gut auf jüngere Schüler einstellen können, betreuen eine kleine Gruppe von ihnen und sorgen dafür, dass Verständnisschwierigkeiten überwunden und Defizite behoben werden können. Als Klassenlehrer sollten Sie regelmäßig ein Auge auf solche Hilfsmöglichkeiten haben und darüber informieren.

In einigen Bundesländern, z. B. in Nordrhein-Westfalen, schreiben die Schulgesetze **Lern- und Förderempfehlungen** zwingend vor. Diese erhalten alle Schüler mit Leis-

1 Vgl. Brenner/Brenner: Methoden für alle Fächer, Berlin 2011, S. 279 f.

tungsdefiziten, wenn die Versetzung gefährdet erscheint. Daher gilt diese Regelung erst ab Klasse 6. Die Empfehlungen der betreffenden Fachlehrer werden bei der **Zeugniskonferenz vor dem Halbjahreszeugnis** beschlossen und müssen von diesen schriftlich vorgelegt werden. Es ist Ihre Aufgabe als Klassenlehrer, die Lern- und Förderempfehlungen einzusammeln und dafür zu sorgen, dass sie den Eltern mit dem Halbjahreszeugnis zugestellt werden. In einigen Bundesländern müssen Sie Förderempfehlungen auch am Schuljahresende bei Nichtversetzung von denjenigen Kollegen einsammeln, die dem betreffenden Schüler ein Defizit attestiert haben.

Nach dem Zwischenzeugnis ist es Ihre Aufgabe als Klassenlehrer, Förderpläne für diejenigen Schüler Ihrer Klasse zu erstellen, die versetzungsgefährdende Leistungsdefizite aufweisen. Als Klassenlehrer laden Sie die Eltern – am besten nach vorheriger telefonischer Absprache – zu einem **Förderplangespräch** ein; auch der betreffende Schüler sollte bei diesem Gespräch anwesend sein. Es sollte spätestens drei bis vier Wochen nach der Zeugnisausgabe stattfinden. Da das Gespräch rechtsrelevant ist, sollten die Eltern mit der Einladung einen Rückantwortbogen erhalten, auf dem sie den Eingang der Einladung bestätigen und angeben, ob sie den Termin wahrnehmen werden. In diesem Gespräch wird nach einer gründlichen Erörterung der Situation – und auf der Basis der Förderempfehlungen der Fachkollegen – zusammen mit den Eltern und dem jeweiligen Schüler ein Förderplan erarbeitet. An dem Gespräch können auch weitere Kollegen teilnehmen, die in der Klasse unterrichten. Sie sollten dafür eine halbe bis eine Stunde einplanen.

Einladung zum Förderplangespräch

Einladung zum Förderplangespräch **KV 17**

Datum: ______________

Sehr geehrte Frau ______________________________,

sehr geehrter Herr ______________________________,

gemäß Ausbildungs- und Prüfungsordnung unterbreitet die Schule Schülerinnen und Schülern, bei denen bereits zum Zeitpunkt des Halbjahreszeugnisses eine Versetzung am Ende des Schuljahres gefährdet erscheint, ein Angebot zur individuellen Förderung.

Mit dem Halbjahreszeugnis wurden Ihrem Sohn / Ihrer Tochter ______________

Die Ergebnisse des Gesprächs werden in einem **Förderplanprotokoll** festgehalten. Darin notieren Sie unter Rückgriff auf die Lern- und Förderempfehlungen der Kollegen:

- die Leistungs- und Lerndefizite des Schülers,
- konkrete Maßnahmen und Ansatzpunkte zur Behebung der Defizite, die zu Hause bzw. außerschulisch umzusetzen sind (z. B. Vereinbarungen zur regelmäßigen Hausaufgabenkontrolle, Kontrolle des Vokabellernens, Organisation und Kontrolle angemessener Zeiten für die Erledigung von Aufgaben, professionelle externe Beratung zur Verbesserung der Motivation und Arbeitshaltung, Nachhilfe),
- Maßnahmen der Schule (z. B. Förderunterricht, Tutorien unter Anleitung älterer Schüler).

Im Förderplanprotokoll wird auch festgehalten, in welchem Zeitraum die vereinbarten Maßnahmen umgesetzt werden sollen. Außerdem wird bestimmt, wer die Wirksamkeit der Maßnahmen zu welchem Zeitpunkt überprüfen soll. Das Protokoll wird schließlich von dem betreffenden Schüler, den Eltern und Ihnen als Klassenlehrer unterschrieben und als Dokument in der Schule abgelegt. Bei Bedarf dient es als Nachweis für die individuelle Förderung von Schülern.

6.3 Hausaufgaben

Bei Elternsprechtagen werden Sie interessante Erfahrungen machen: Manche Eltern beschweren sich, dass ihre Kinder viel zu viele Hausaufgaben haben und nie fertig werden. Andere, deren Kinder in der gleichen Klasse sind, erklären, die Kinder hätten „nicht gerade viel auf“. Solche Bemerkungen spiegeln die unterschiedlichen Arbeitsweisen und Leistungsstände der Schüler wider.

Auch die Eltern wechseln zusammen mit ihren Kindern die Schulform. Besucht ihr Kind nun eine **Ganztagsschule,** sollten die Eltern gleich zu Beginn ausführlich darüber informiert werden, dass in solchen Schulformen an vielen Tagen keine **Hausaufgaben vom einen auf den anderen Tag** aufgegeben werden können. Die gesetzlichen Regelungen sehen meist vor, dass Hausaufgaben lediglich an Tagen ohne Nachmittagsunterricht für den nächsten Tag aufgegeben werden können. Eltern sollten darüber informiert werden, dass es aber nach wie vor in vielen Fächern häusliche **Lern-, Lektüre- und Übungsnotwendigkeiten** gibt, sodass Hausaufgaben von vielen Lehrern über mehrere Tage aufgegeben werden. Die Eltern sollten auch darüber in Kenntnis gesetzt werden, dass Lehrer in den schriftlichen Fächern zur Vorbereitung von Klassenarbeiten ab und zu Übungsblätter verteilen. Diese Aufgaben haben einen freiwilligen Charakter und sind nicht verpflichtend, gelten also nicht als Hausaufgaben.

Zur genauen Dokumentation der verpflichtenden Hausaufgaben und freiwilligen Übungsaufgaben sollten die Schüler in den Klassen 5 und 6 ein **Hausaufgabenheft** führen. Die Eintragungen dienen dem Schüler als Gedächtnisstütze. Gleichzeitig können die Eltern nachverfolgen, welche Hausaufgaben wann aufgegeben wurden, ob und wann sie von ihrem Kind erledigt worden sind. Für Eintragungen in das Hausaufgabenheft sollten Sie den Schülern genügend Zeit lassen. Auch sollten Sie bei Schülern, die „vergesslich“ sind, die Eintragungen ab und zu kontrollieren. Werden Hausaufgaben „vergessen“, können Sie das Versäumnis als Mitteilung an die Eltern im Hausaufgabenheft vermerken.

In den Klassen 5 und 6 ist es besonders wichtig, dass die Hausaufgaben der Schüler durch den Lehrer und die Mitschüler eine **Wertschätzung** erfahren. Allerdings ist die Zeit für ein Vortragen aller Hausaufgaben im Klassenplenum meist zu knapp. Um dennoch alle Schüler zum Zug kommen zu lassen, können sie in kleinen Gruppen vorgetragen und mit dem Verfahren **„Bester Satz“** wertgeschätzt werden: In der Gruppe notiert jeder Schüler einen Satz aus dem vorgelesenen Text, den er am interessantesten gefunden hat. Diese Sätze werden dann reihum vorgelesen, sodass der vortragende Schüler eine Reihe kurzer, positiver Resonanzen erfährt.

7 Außerunterrichtliche Aktivitäten

Lernen findet nicht nur in schulischen Räumen statt. Ab und zu sollten Sie auch die Lernmöglichkeiten im Stadtteil oder in der Region nutzen, um den Schülern interessante Erfahrungen zu ermöglichen. Wandertage und Klassenfahrten sind für Schüler eine willkommene, pädagogisch wichtige Abwechslung im Schulbetrieb.

7.1 Unterrichtsgänge und Exkursionen

Außerunterrichtliche Lernorte sind für Kinder der Unterstufe besonders dazu geeignet, Sachverhalte nicht nur mithilfe von Büchern zu erlernen, sondern auch durch eigene Erfahrung und eigenen Umgang. Außerschulische Lernorte können z. B. Museen, Theater, Zoos, Bauernhöfe, Werkstätten, Betriebe oder Altenheime sein.

In nahezu jedem Fach bietet es sich an der einen oder anderen Stelle an, einmal einen außerschulischen Lernort aufzusuchen. Oftmals werden Sie als Klassenlehrer gebeten, Ihre Klasse und den Fachkollegen zu begleiten. In diesem Fall wird Letzterer den Großteil der Organisation übernehmen. Sollten Sie selbst für Ihr Fach eine Exkursion mit Ihrer Klasse planen, fangen Sie rechtzeitig mit der Organisation an. In einigen Bereichen sind Termine für Schulklassen immer weit im Voraus ausgebucht. Daher gilt es zunächst, sich um einen konkreten Termin zu kümmern. Steht dieser fest, geht es an die Feinplanung:

- Wie kommen wir zum Ausflugsort? Zu Fuß, mit dem Fahrrad, mit Bus oder Bahn?
- Wer kann mich auf dem Ausflug begleiten?
- Von wann bis wann dauert der Ausflug? Muss die Mensa über eine spätere Essenszeit informiert werden?
- Welche Kosten fallen an?

Haben Sie die **Rahmenbedingungen** geklärt, ist es wichtig, dass Sie die Eltern rechtzeitig über den Ausflug informieren. Setzen Sie einen Elternbrief auf, in dem Sie über Folgendes informieren:

- Datum des Ausflugs, genaue Start- und Rückkehrzeit
- Kosten pro Schüler
- Dinge, die die Schüler dabei haben müssen (z. B. Schreibzeug, Hefte ...)
- Was wird an Proviant benötigt?

Neben den Eltern müssen Sie auf jeden Fall auch die Schulleitung über einen Ausflug informieren, diesen genehmigen lassen und das entsprechende Formular ausfüllen, damit alle Schüler und Begleitpersonen während des Ausflugs versichert sind. Auch die Vertretungsplaner müssen benachrichtigt werden, von wann bis wann welche Klasse mit welchen Lehrern außer Haus ist, um eventuell anfallenden Vertretungsunterricht organisieren zu können.

7.2 Wandertage

Wandertage sind vergleichbar mit Exkursionen, nur dass hier oftmals nicht das inhaltliche Lernen im Vordergrund steht, sondern die gemeinsame Aktion als Klasse. Dennoch schließen Wandertage natürlich das inhaltliche Lernen nicht aus. Im besten Fall sollte beides kombiniert werden. Auch ein Wandertag kann in den Zoo oder in ein Museum führen. Ausflüge in Freizeitparks oder zu Indoorspielplätzen sind dagegen am Wandertag an einigen Schulen inzwischen unerwünscht.

Lassen Sie die Klasse mit entscheiden, wohin es am Wandertag gehen soll. Berücksichtigen Sie dabei, dass beliebte Ausflugsziele sehr frühzeitig ausgebucht sind, da zumeist alle Schulen im Umkreis am selben Tag einen Wandertag planen. So kann es schnell passieren, dass man auf der Eislaufbahn, im Kletterpark oder bei der Kanutour schon Wochen im Voraus keinen Platz mehr bekommt.

Haben Sie sich gemeinsam mit der Klasse für ein Ausflugsziel entschieden, ist es Ihre Aufgabe, den Wandertag zu organisieren.

7.3 Klassenfahrt

An Klassenfahrten erinnern sich Schüler oft noch Jahre nach ihrer Schulzeit gerne zurück. Klassenfahrten sind spannend und hinterlassen meist einen bleibenden Eindruck.

An vielen Schulen ist es üblich, dass in der Erprobungsstufe eine Klassenfahrt stattfindet. Organisiert werden muss diese zumeist vom Klassenlehrer. Heutzutage gibt es z. B. vom Deutschen Jugendherbergswerk umfangreiche Angebote für alle Altersstufen, die man für die ganze Klasse buchen kann. Die Vorschläge für altersgerechte Erlebnisprogramme reichen von sportlichen über kulturelle, musikalische bis hin zu Natur- und Umweltthemen. Im Internet kann man sich ein spannendes und **individuell zugeschnittenes Programm** in der Regel für drei Tage zusammenstellen.

Gerade bei Klassenfahrten sollte man als Klassenlehrer darauf achten, dass niemand aus finanziellen Gründen von der Teilnahme ausgeschlossen ist. Beraten Sie Eltern, wo sie, wenn nötig, Hilfen beantragen können. Das können z. B. Hilfen im Rahmen des Bildungs- und Teilhabepakets des Bundes sein, mit dem bedürftige Kinder unterstützt werden, wenn Tagesausflüge oder Klassenfahrten anstehen. Auch die Fördervereine vieler Schulen unterstützen diskret bedürftige Kinder, wenn die Kosten für Klassenfahrten die finanziellen Möglichkeiten der Eltern übersteigen.

Klassenfahrten müssen einem bestimmten **Bildungs- und Erziehungsauftrag** genügen. Um dies zu gewährleisten, gibt es Richtlinien (auch der Sicherheit der Schüler und nicht zuletzt der Kosten wegen), die zu beachten sind. Konkrete Einzelheiten sind in allen Schulen im Rahmen von Beschlüssen der Schulkonferenz geregelt. Weitere Informationen dazu finden Sie auch in Kapitel 10.4, „Rechtliche Regelungen für Klassenfahrten und Ausflüge“.

Zur **Vorbereitung der Klassenfahrt** ist es wichtig, **Verhaltensregeln** mit den Schülern zu erarbeiten und verbindlich zu vereinbaren. Diese sollten sich auf die folgenden Bereiche beziehen:

- **Selbstständigkeit:** Den Schülern sollte erklärt werden, dass sie einerseits die Möglichkeit erhalten sollen, ihrem Freiheitsdrang zu folgen und selbstständig etwas zu unternehmen, wenn es gerade kein gemeinsames Programm gibt. Zugleich sollte aber auch um Verständnis dafür geworben werden, dass sie dabei – auch im Interesse ihrer Eltern – abgesichert sein sollten. Der Vorschlag, prinzipiell mindestens in Dreiergruppen unterwegs zu sein, wird von Schülern meistens ohne Widerstand akzeptiert. Diese Gruppengröße kann so begründet werden, dass im Falle eines Unfalls oder einer plötzlichen Erkrankung einer der Mitschüler dem betroffenen Schüler zur Seite stehen kann, während der dritte Hilfe holt.
- **Nachtruhe:** In vielen Jugendherbergen und sonstigen Unterkünften gibt es feste Zeiten für die Nachtruhe, für deren Einhaltung Sie als Klassenlehrer verantwortlich sind. Verletzungen der Nachtruhe sorgen für viel Ärger mit der Hausleitung. Im

Hinblick darauf sollten nach einem intensiven Gespräch mit den Schülern Verhaltensregeln vereinbart werden, die die Nachtruhe sicherstellen. Die Schüler sollten selbst auf die Einhaltung dieser Regeln achten. Sie sollten auch darauf hingewiesen werden, dass ihre Eltern schriftlich ihr Einverständnis gegeben haben, dass die Klassenfahrt für einen Schüler bei groben Regelverstößen vorzeitig beendet ist und er am nächsten Morgen abgeholt wird.

Elternbrief: Klassenfahrt

Schüler-/ Elternverpflichtung

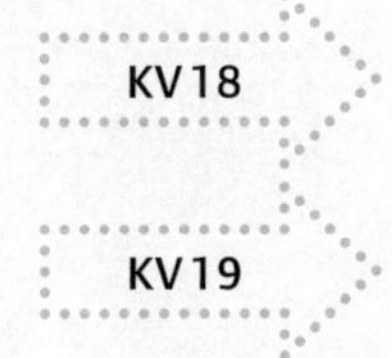

Elternbrief: Klassenfahrt **KV 18**

Datum: ______

Liebe Eltern der Schülerinnen und Schüler der Klasse ____,

für die Kinder unserer Klasse ist geplant, demnächst eine mehrtägige Klassenfahrt durchzuführen, die in der Regel drei Tage (zwei Übernachtungen) umfasst. Über diese Fahrt muss frühzeitig entschieden werden, da begehrte Jugendherbergen schnell ausgebucht sind.

Eine Klassenfahrt soll den Kindern in erster Linie Freude bereiten, spannende Aktivitäten bieten und vor allem die Klassengemeinschaft stärken und außergewöhnliche Gruppenerlebnisse ermöglichen. Nach Auswertung der Angebote verschiedener Jugendherbergen beabsichtigen wir, mit unseren Schülern folgende Fahrt durchzuführen:

- Reisezeitraum: ______ bis ______
- Jugendherberge: ______
- pädagogisches Begleitprogramm: ______
- Vorläufige (!) Kostenkalkulation für Busfahrt, Herberge mit Verpflegung, pädagogisches Begleitprogramm, evtl. Eintritts-/Führungsgelder:

  ca. ______ Euro pro Person.

An unserer Schule verfolgen wir das Ziel, dass niemand aus finanziellen Gründen auf eine Klassenfahrt verzichten muss. Für Notfälle besteht die Möglichkeit, Fahrtkostenzuschüsse zu beantragen. Selbstverständlich werden Anträge vertraulich behandelt. Bitte wenden Sie sich gegebenenfalls an uns.

In manchen Klassen gibt es Schwierigkeiten mit der **Zimmerverteilung.** Es fällt schwer, die Schüler auf die Schlafräume zu verteilen, die in der Herberge zur Verfügung stehen. Allerdings ergeben sich oft Spielräume dadurch, dass in den zugewiesenen Räumen nicht alle Betten komplett belegt werden müssen. Ein bewährtes Verfahren der Zimmerverteilung ist,

1. zunächst die zur Verfügung stehenden Schlafräume und die (oft unterschiedliche) Anzahl der darin befindlichen Betten bekannt zu geben,
2. die Schüler aufzufordern, sich zu Gruppengrößen zusammenzufinden, die in die vorhandenen Räume hineinpassen (ein Bett kann eventuell frei bleiben),
3. die Gruppenvorschläge auf einem Blatt zu notieren und auch noch einen Vorschlag für eine alternative Gruppe zu machen.

Meistens erhalten Sie als Klassenlehrer auf diese Weise genügend Informationen, um – möglicherweise durch geringe Anpassungen – die Zimmerverteilung abschließend zu regeln.

8 Zusammenarbeit mit den Eltern

Die Zusammenarbeit mit den Eltern sollten Sie so gestalten, dass sie für Sie insgesamt entlastend ist. Von den Erziehungsberechtigten können Sie wichtige **Informationen** zu den Kindern erhalten, die Ihnen die pädagogische Arbeit erleichtern, wie z. B. über besondere Situationen (Trennung der Eltern, Tod eines Familienangehörigen usw.) und über Krankheiten des Kindes. Die Eltern vertrauen dabei darauf, dass Sie diese Informationen im nötigen Umfang an die in der Klasse unterrichtenden Kollegen weitergeben, damit diese etwaige Verhaltensänderungen des Kindes einordnen können. In der Regel wird aber zugleich erwartet, dass Sie die Informationen nicht an die Mitschüler des Kindes weitergeben. Als Klassenlehrer sind Sie für die Eltern der erste und wichtigste Ansprechpartner sowohl für alle schulischen als auch für pädagogische Fragen, die zum Teil weit in die familiäre Situation hineinrechen.

Allerdings ist die Arbeit mit den Eltern prinzipiell nie ganz konfliktfrei. Viele Eltern haben nur das eigene Kind im Blick. Dass Sie als Klassenlehrer aber das Wohl der ganzen Klasse und auch den Lernfortschritt der gesamten Lerngruppe sicherzustellen haben, wird dabei allzu gern von ihnen vergessen. Manche Eltern empfinden zudem ein Machtgefälle zwischen der Lehrerschaft und den eigenen Kindern, das sie dadurch auszugleichen versuchen, dass sie prinzipiell Partei für das eigene Kind ergreifen. Sie sollten versuchen, in Gesprächen mit Eltern solchen Konflikten vorzubeugen und gemeinsam über die **Entwicklungspotenziale** des Kindes nachzudenken. Andererseits gibt es in den letzten Jahrzehnten zunehmend Eltern, die ein Dienstleistungsverhältnis zu Schulen etablieren wollen, in dem auch der Klassenlehrer als Dienstleister dem „Kunden" bestimmte Leistungen individuell zu erbringen hat. Solchen Eltern sollten Sie klarmachen, dass auch ihr Kind nicht nur als Individuum existiert, sondern auf Sozialerfahrungen in der Lerngruppe angewiesen ist. Betonen Sie, dass soziales Lernen in Ihrem Konzept der Klassenleitung eine große Rolle spielt.

8.1 Gelegenheiten zum Kennenlernen nutzen

Viele Lehrer einer 5. Klasse fühlen sich am **ersten Elternsprechtag** regelrecht überrannt, da alle Eltern sie einmal persönlich sprechen wollen. Auf die Frage, was man denn mit ihnen besprechen wolle, erhalten Lehrer oft die Antwort, dass man nur mal sehen wolle, wie denn der Englisch-, Biologie- oder Kunstlehrer aussehe. Um solche Situationen zu vermeiden und ausreichend Zeit für dringend zu klärende Fragen zu haben, bietet es sich an, den Elternsprechtag zu entlasten. Inzwischen sehen viele Schulen diesbezüglich unterschiedliche Möglichkeiten vor.

Informelles Treffen anbieten: Laden Sie die Eltern der Jahrgangsstufe 5 zu Beginn des Schuljahres an einem Abend in das Foyer der Schule oder die Aula ein, ebenso alle Klassenlehrer und Fachkollegen der Jahrgangsstufe. In gemütlicher Atmosphäre haben Eltern und Lehrer, aber auch die Eltern untereinander dann z. B. zwei Stunden Zeit, sich kennenzulernen und Gespräche zu führen.

Brauchtumstage nutzen: Manche Schulen bieten rund um Brauchtumstage Gelegenheiten zum Kennenlernen an. Nachdem die Eltern einige Monate lang erste Erfahrungen mit der neuen Schule gesammelt haben, erhalten sie die Möglichkeit, sich ohne den Termindruck eines Elternsprechtages mit den in der Klasse ihres Kindes unterrichtenden Lehrern auszutauschen. Das kann z. B. im zeitlichen Umfeld von St. Martin geschehen. Zusammen mit den anderen Klassenlehrern der 5. Klassen, dem zuständigen

Koordinator der Schule und eventuell der Schulleitung können Sie aus den folgenden Ideen einige oder alle auswählen:

- **Erprobungsstufenkonferenzen:** Das Programm kann am Nachmittag mit einer ohnehin notwendigen Erprobungsstufenkonferenz beginnen, auf der sich die Lehrer Ihrer Klasse erstmals über die Schüler austauschen. Für die nachfolgenden Gespräche mit den Eltern finden sie so eine gemeinsame Linie. Bitten Sie den zuständigen Koordinator Ihrer Schule darum, die erste Erprobungsstufenkonferenz der Jahrgangsstufe 5 auf diesen Tag zu legen. Damit das Programm insgesamt ermöglicht werden kann, sollten die Konferenzen für alle Klassen parallel liegen.
- **Vorstellung der Lehrer und Austausch mit den Eltern:** Im jeweiligen Klassenraum stellen die in der Klasse unterrichtenden Lehrer sich selbst und ihr Fach kurz vor und tauschen sich dann mit den Eltern aus.
- **Betreuung der Kinder:** Die Fünftklässler und vielleicht auch ihre jüngeren Geschwister werden mit Unterstützung älterer Schüler in einem zentralen Raum, z. B. in der Aula, durch ein eigenes Programm geführt, z. B. eine Mini-Playback-Show, für die sie vorher im Musikunterricht geprobt haben. Die Schülervertretung kann die Show organisieren. An ihr nehmen Teams aus allen 5. Klassen teil. Für die Teilnehmer und besonders die Sieger werden kleine Preise ausgelobt.
- **Getränke und Snacks:** Auf einer ausreichend großen Fläche der Schule, z. B. den Fluren, dem Foyer vor der Aula und/oder der Cafeteria, treffen sich Eltern und Kinder wieder und haben die Gelegenheit, Getränke und Snacks zu erwerben. Hierbei kann der Förderverein der Schule und/oder die Klassenpflegschaft helfen. Der Erlös der Verkaufsaktion geht in die Klassenkassen der 5. Klassen.
- **St.-Martins-Umzug:** Im Viertel um die Schule herum findet ein St.-Martins-Umzug statt. Die Fackeln sind im Vorfeld im Kunstunterricht gebastelt worden. Der Zug ist bei der Polizei und der Feuerwehr rechtzeitig angemeldet worden. Eventuell können Teile des schulischen Orchesters (die Bläser) den Umzug mit vorher im Musikunterricht einstudierten Liedern begleiten. Der Abend klingt an einem kleinen Feuer auf dem Schulhof aus.

8.2 Die Klassenpflegschaftssitzung vorbereiten und moderieren

Eltern haben das Recht, im Rahmen verschiedener Gremien an der Schule mitzuarbeiten. Dazu zählen die Klassenpflegschaft, die Schulpflegschaft, Fachkonferenzen und die Schulkonferenz.

Einladungen: Ihre Aufgabe als Klassenlehrer ist es, zur ersten Klassenpflegschaftssitzung nach den Sommerferien einzuladen. Achten Sie dabei darauf, dass Sie die vom Schulministerium vorgegebene Frist einhalten, in welcher der Pflegschaftsabend stattfinden muss. Meistens werden Ihnen die Termine für die Sitzung aber ohnehin von der Schule vorgegeben. Die Einladungen zur Sitzung sollten spätestens eine Woche vor dem Termin bei den Eltern ankommen.

Inhalte: Es ist vorgeschrieben, dass die Mitglieder der Klassenpflegschaft mindestens einmal im Jahr zusammenkommen. Auf der Sitzung werden die Eltern ebenso über Unterrichtsinhalte und Lernmittel des kommenden Schuljahres informiert wie über alle weiteren Dinge, die im kommenden Schuljahr anstehen: Klassenfahrten, Wandertage, Exkursionen, Projekte, Schulfeste, Termine usw.

Teilnehmer: Sie als Klassenlehrer nehmen auf jeden Fall an der Klassenpflegschaftssitzung teil. Alle anderen Fachlehrer der Klasse können ebenfalls zur Sitzung eingeladen werden, sofern es zur Beratung und Information der Eltern erforderlich ist. Der Klassensprecher nimmt in der Regel erst ab Klasse 7 an der Sitzung teil.

Aufgaben des Klassenpflegschaftsvorsitzenden: Bei der ersten Sitzung nach den Sommerferien wählen die Erziehungsberechtigten einen Klassenpflegschaftsvorsitzenden und einen Stellvertreter. Der Vorsitzende vertritt automatisch die Interessen der Eltern in der Schulpflegschaft. Weitere Aufgaben des Klassenpflegschaftsvorsitzenden sind die eventuelle Einberufung weiterer Klassenpflegschaftssitzungen sowie in Absprache mit Ihnen die Festlegung der Tagesordnung für diese Sitzungen. Generell haben alle Eltern das Recht, weitere Themen zur Tagesordnung anzumelden. Oft veranstalten die Klassenpflegschaftsvorsitzenden auch informelle „Runde Tische", zu denen Sie – besonders in den Klassen 5 und 6 – in der Regel auch eingeladen werden. Viele Eltern schätzen diese informellen Abende, um Neues über ihre Kinder zu erfahren und um die anderen Eltern der Klasse kennenzulernen.

Aktives und passives Wahlrecht: Wahlberechtigte Mitglieder Ihrer Klassenpflegschaft sind die Erziehungsberechtigten der Schüler. Beachten Sie dabei, dass Eltern für jedes Kind gemeinsam nur eine Stimme haben (siehe § 73 Abs. 1 SchulG NRW). Wählbar als Klassenpflegschaftsvorsitzender sind grundsätzlich alle Erziehungsberechtigten der Schüler Ihrer Klasse. Man kann sich auch in Abwesenheit wählen lassen, wenn man sich vorher verbindlich zur Kandidatur bereit erklärt hat. Auch eine Wiederwahl ist unbegrenzt möglich. Ausnahmen bei der Wählbarkeit bilden Lehrer, die zugleich ein Kind in Ihrer Klasse haben und Teil des Schulkollegiums sind. Gewählt wird für die Dauer eines Schuljahres. Die Klassenpflegschaftsvorsitzenden üben ihr Amt bis zur Wahl eines neuen Vorsitzenden nach den nächsten Sommerferien weiter aus. Die Wahlen zum Klassenpflegschaftsvorsitzenden und seinem Stellvertreter müssen geheim sein. Gewählt ist, wer die meisten Stimmen erhält. Bei Stimmengleichheit müssen Sie eine geheime Stichwahl durchführen. Bei erneuter Stimmengleichheit entscheidet das Los. Alle übrigen Wahlen am Abend der Klassenpflegschaftssitzung (z. B. Ziel und Unterkunft der nächsten Klassenfahrt) finden offen statt, sofern nicht ein Fünftel der Stimmberechtigten eine geheime Wahl beantragt.

Protokoll der Sitzung: Vor der Klassenpflegschaftssitzung erhalten Sie von Ihrer Schule Formulare, anhand derer die Sitzung protokolliert werden muss. Lassen Sie zu Beginn einen Protokollanten wählen, der die Ergebnisse der Sitzung schriftlich festhält. Geben Sie diese Aufgabe an ein Elternteil ab, da Sie mit der Leitung der Sitzung ausreichend beschäftigt sind. Bitten Sie den Protokollanten, auch das Wahlergebnis in der Niederschrift festzuhalten. Die Stimmzettel müssen Sie bis zum Ablauf der Einspruchsfrist verwahren. Jeder Wahlberechtigte kann innerhalb von zwei Wochen bei der Schulleitung schriftlich Einspruch gegen die Gültigkeit der Wahl einlegen.

Checkliste: Klassenpflegschaftssitzung

Checkliste: Klassenpflegschaftssitzung KV 20

Vor der Sitzung

- Habe ich die Anwesenheitsliste dabei?
- Habe ich den Protokollvordruck dabei?
- Habe ich in ausreichender Menge Wahlzettel dabei?
- Habe ich die Einverständniserklärungen zur Vorsitzendenwahl dabei?
- Habe ich – falls angekündigt – Informationen über Unterrichtsinhalte dabei? (Eventuell auf die Homepage der Schule verweisen, falls auf ihr die schulinternen Lehrpläne zu allen Fächern zu finden sind.)

Zu Beginn der Sitzung

- Habe ich die fristgerechte Einladung festgestellt?
- Hat sich ein Elternteil gefunden, der das Protokoll anfertigt?
- Habe ich eine E-Mail-Liste in Umlauf gegeben?
- Habe ich die Anwesenheitsliste herumgegeben?

KV 20

8.3 Konflikte mit Eltern lösen

Als Klassenlehrer sind Sie oftmals die erste Anlaufstelle für die Eltern, wenn es um Beschwerden geht. Vielfach kann es sein, dass sich Eltern gar nicht über Sie, Ihren Unterricht und Ihre Art des Umgangs mit den Schülern beschweren, sondern über Kollegen, die Ihre Klasse unterrichten. Dabei kann es um ungerechte Benotungen, häufigen Unterrichtsausfall, diffamierendes Verhalten gegenüber Schülern, in den Augen der Eltern und Schüler schlechten Unterricht usw. gehen.

Oft werden diese Beschwerden am Elternsprechtag an Sie herangetragen. Hören Sie den Eltern zu, signalisieren Sie ihnen, dass Sie bereit sind, sich im Interesse des Schülers bzw. der Klasse um das Problem zu kümmern. Bitten Sie die Eltern aber vor allem, das Gespräch mit dem unmittelbar betroffenen Kollegen zu suchen und Ihnen im Anschluss eine Rückmeldung über das Ergebnis des Gespräches zu geben. Erst wenn das Gespräch zwischen den Eltern und dem betroffenen Kollegen zu keinem Ergebnis geführt hat, sollten Sie vermittelnd eingreifen. Für Ihre Rolle als **Moderator** sollten Sie Folgendes beachten:

- Sie sind kein Richter, sondern ein Schlichter des Konfliktes.
- Machen Sie beiden Parteien klar, dass kein Schuldiger, sondern die Lösung für ein Problem gesucht wird. Dabei ist es wichtig, dass beide Parteien die Ursachen und den Verlauf des Konfliktes analysieren und beide genau benennen, worum es aus ihrer Sicht geht. Dulden Sie dabei auf keinen Fall pauschale Anschuldigungen und vage Unterstellungen.
- Versuchen Sie, im Gespräch das wechselseitige Verständnis beider Parteien zu fördern, und zeigen Sie selbst Verständnis für die Positionen aller Beteiligten. Bleiben Sie neutral!

Kommt es trotz Ihrer Hilfe als Moderator im Konflikt zwischen Eltern und dem Kollegen zu keiner Lösung, sollten Sie die Schulleitung informieren.

8.4 Individuelle Elterngespräche führen und dokumentieren

Es gibt Schwierigkeiten mit – und Verhaltensweisen von – Schülern, die einen Aufschub für ein Elterngespräch bis zum nächsten Elternsprechtag nicht zulassen. Entscheiden Sie von Fall zu Fall, ob in solchen Fällen ein **Elterngespräch per Telefon** ausreichend ist oder ob Sie die Eltern zu einem **persönlichen Elterngespräch** einladen müssen. Möchten Sie die Eltern persönlich sprechen, vereinbaren Sie – am besten schriftlich – einen Gesprächstermin. Da heute viele Eltern berufstätig sind, sollten Sie den Eltern mehrere Termine zur Auswahl geben und die Eltern gegebenenfalls noch Alternativtermine vorschlagen lassen.

Es ist von Vorteil, wenn im Falle von Verhaltensauffälligkeiten eines Kindes beide Elternteile zu einem Gespräch kommen. Schließlich soll der Konflikt auch mit ihrer Hilfe gelöst werden. In Zeiten von Patchworkfamilien geschieht es häufig, dass ein Kind nicht mit beiden Elternteilen/Erziehungsberechtigten in einem Haushalt lebt. Entscheiden Sie von Fall zu Fall, welche Personen am besten am Gespräch teilnehmen sollten. Manchmal bietet es sich an, den Stiefvater oder die Stiefmutter dazu zu bitten, mit dem/der das Kind unter einem Dach lebt. Denken Sie aber daran, dass Sie nur Erziehungsberechtigten Auskunft über den Leistungsstand und das Verhalten eines Schülers geben dürfen. Sollten Nicht-Erziehungsberechtigte an dem Elterngespräch teilnehmen, müssen Sie das Einverständnis aller Erziehungsberechtigten einholen, bevor Sie relevante Informationen weitergeben.

Geht es um wirklich heikle Themen, sollten Sie das Elterngespräch nicht allein führen. Holen Sie sich **Unterstützung** vonseiten der Schulleitung oder von Sozialarbeitern, die es heute schon an vielen Schulen gibt. Überlegen Sie sich vor dem Gespräch genau, was Sie erreichen möchten, machen Sie sich Notizen, welche Punkte Sie ansprechen möchten. Vereinbaren Sie im Gespräch, welche Schritte im Folgenden konkret geplant sind. Achten Sie im Gespräch darauf, dass Sie beide Elternteile und gegebenenfalls auch den Schüler, sollte dieser anwesend sein, zu Wort kommen lassen, damit sie ihre Sicht der Dinge schildern können. Sprechen Sie ruhig Empfehlungen aus, dass die Eltern sich Rat bei einem Arzt, einem Therapeuten, dem Jugendamt oder anderen Experten holen sollten. Je nach Gegenstand des Gespräches holen Sie sich von den Eltern und gegebenenfalls dem Schüler die Erlaubnis, Fachkollegen über die Situation zu informieren. Vereinbaren Sie mit den Erziehungsberechtigten eventuell schon konkrete Folgetermine, um ihnen zu signalisieren, dass Sie vonseiten der Schule am Ball bleiben.

Legen Sie auf jeden Fall eine **Gesprächsnotiz** an. Gerade bei Problemfällen ist es hilfreich, wenn Sie bei Folgeterminen darauf zurückgreifen können. Zudem können spätere Klassenlehrer schnell nachlesen, was im Rahmen der Elternarbeit schon alles geschehen ist. Außerdem kann eine schriftliche Fixierung auch eine Art Absicherung für Sie sein. Eine Gesprächsnotiz sollte beinhalten, wer an dem Gespräch teilgenommen hat, wann dieses stattgefunden hat, worüber gesprochen wurde und welche Vereinbarungen getroffen wurden. Lassen Sie die Gesprächsnotiz am Ende des Treffens auf jeden Fall von Eltern und Schüler unterschreiben. Damit erhöhen Sie bei den Eltern die Verbindlichkeit des Vereinbarten und niemand kann hinterher sagen, es habe solche Vereinbarungen nicht gegeben. Geben Sie die Gesprächsnotizen im Sekretariat für die Schülerakte ab, damit diese an zentraler Stelle gesammelt werden.

8.5 Regelbrüche von Schülern: Eltern in die Pflicht nehmen

Hat sich ein Schüler mehrfach nicht an vereinbarte Regeln gehalten, macht es Sinn, zur Lösung des Problems auch die Eltern mit einzubeziehen, damit diese ebenfalls erzieherisch tätig werden. Eine wachsende Zahl von Eltern möchte die Erziehungsarbeit allerdings am liebsten weitgehend der Schule überlassen. Sie sollten diese Eltern in die Pflicht nehmen und ihnen klarmachen: Die Schule geht davon aus, dass die **Familie weiterhin das zentrale Erziehungsfeld** ist, und sie ist nicht bereit, die Eltern aus dieser Pflicht zu entlassen.

Informieren Sie die Eltern am besten schriftlich per Elternbrief. Hier geht es auch um die rechtliche Absicherung, vor allem dann, wenn Kinder über die reguläre Unterrichtszeit hinaus in der Schule bleiben sollen, um über ihr Verhalten nachzudenken. Im Anhang finden Sie dazu zwei Musterbriefe an die Eltern:

Elterninformation: Fehlende Hausaufgaben/ Materialien

Elterninformation:
Fehlende Hausaufgaben/Materialien KV 21

Datum: ____________

Sehr geehrte/r Erziehungsberechtigte/r,

Ihre Tochter/Ihr Sohn ______________________, Klasse ______, hat zum wiederholten Mal die Hausaufgaben/Materialien im Fach ______________________ unvollständig/lückenhaft / überhaupt nicht dabei gehabt. Dies wurde auch im Klassenbuch vermerkt.

KV 21

Elterninformation:
Nacharbeiten

Elterninformation: Nacharbeiten KV 22

Datum: ______________

Sehr geehrte/r Erziehungsberechtigte/r,

hiermit muss ich Sie darüber informieren, dass das Arbeits-/Sozialverhalten Ihrer Tochter / Ihres Sohnes ______________________ im Fach ________________ derzeit nicht angemessen ist und zu Beanstandungen seitens des Fachlehrers geführt hat.

Zum wiederholten Mal …

- ☐ wurden die Hausaufgaben nicht bzw. nicht angemessen erledigt.
- ☐ verhinderten Unaufmerksamkeiten ein erfolgreiches Lernen.
- ☐ wurden verbindliche Absprachen nicht eingehalten.
- ☐ fiel Ihr Kind durch nicht akzeptables Verhalten gegenüber Mitmenschen negativ auf.

Deshalb ist Ihr Kind verpflichtet, verpassten Unterrichtsstoff nachzuarbeiten bzw. sich

KV 22

8.6 Wahl der zweiten Fremdsprache: Beratung anbieten

Wenn in Klasse 5 die Wahl der zweiten Fremdsprache ansteht, suchen viele Eltern den Rat des Klassenlehrers. Je nach eigener Fakultas benötigen Sie für solche Auskünfte Hinweise der Sprachenlehrer, die in der Klasse unterrichten. Sie sollten diese in einer vorgelagerten Klassenkonferenz (vgl. Kapitel 9.6) einholen. Besorgen Sie sich darüber hinaus rechtzeitig schriftliche Informationen, die die betroffenen Fachschaften möglicherweise für Rat suchende Eltern bereithalten.

9 Organisatorische Aufgaben der Klassenleitung

Neben Ihrer Aufgabe, Ihre Klasse zu einer guten Klassengemeinschaft zu führen, gibt es auch einige organisatorische Aufgaben, die Sie als Klassenlehrer zu erledigen haben.

9.1 Das Klassenbuch

Zu Ihren organisatorischen Pflichten zählt unter anderem die Aufgabe, für eine verlässliche Klassenbuchführung zu sorgen. Zu Beginn des Schuljahres bekommen Sie in der Regel ein Blanko-Klassenbuch, in welches Sie zunächst die **Klassenliste** mit den Schülernamen eintragen bzw. einheften sollten. Sobald in der Klasse die entsprechenden Wahlen stattgefunden haben, ergänzen Sie folgende Informationen:

- Klassensprecher und Stellvertreter
- Klassenbuchführer und Stellvertreter
- Elternpflegschaftsvorsitzender und Stellvertreter

Erklären Sie Ihren Schülern vor den Wahlen zum Klassenbuchführer die Aufgaben, die mit diesem Amt verbunden sind. Aus der Grundschule kennen die Schüler diese Aufgabe zumeist nicht, da das Klassenbuch dort immer beim Klassenlehrer verblieb. Mit ständig wechselnden Fachlehrern an der weiterführenden Schule sehen die **Aufgaben des Klassenbuchführers** nun wie folgt aus:

- Vor der ersten Stunde muss der Klassenbuchführer das Klassenbuch holen. Zumeist werden die Klassenbücher sicher im Sekretariat der Schule gelagert.
- Wechselt die Klasse für den Fachunterricht in einen Fachraum, nimmt der Klassenbuchführer das Klassenbuch mit in den Fachraum und legt es dort auf den Lehrertisch. Am Ende der Stunde nimmt er es wieder mit.
- Am Ende des Unterrichtstages bringt der Klassenbuchführer das Klassenbuch wieder zurück ins Sekretariat.
- Der Klassenbuchführer trägt in die vorgegebenen Kästchen die Daten und den Stundenplan mindestens für eine Woche im Voraus ein.
- Der Klassenbuchführer achtet generell darauf, dass alle Fachlehrer die Themen der Stunden, die Hausaufgaben und ihr Lehrerkürzel eintragen.
- Findet Unterricht im Kursverbund statt (z. B. Religionslehre oder die zweite Fremdsprache in Klasse 6), wird der Unterricht oftmals nicht im Klassenbuch, sondern in separaten Kursheften dokumentiert. Der Klassenbuchführer notiert dann im Klassenbuch in der Zeile z. B. für Latein: „siehe Kursheft“ („s. K.“).
- Besonders bei Vertretungsstunden achtet der Klassenbuchführer darauf, dass die Vertretungslehrer ins Klassenbuch eintragen. Fehlen solche Eintragungen, ist es im Nachhinein immer besonders schwierig herauszufinden, wer den Eintrag vornehmen muss.

Als Klassenlehrer haben Sie die Aufgabe, das Klassenbuch regelmäßig, am besten einmal die Woche, zu kontrollieren. Achten Sie auf die **Vollständigkeit der Eintragungen.** Besonders wichtig ist es, dass die Fachlehrer der ersten Stunde **fehlende Schüler** eintragen. Markieren Sie die fehlenden Schüler mit einem „e“ für „entschuldigt“, sobald Ihnen von den Erziehungsberechtigten eine **schriftliche Entschuldigung** vorliegt.

Haben Sie die Eintragungen einer Woche positiv auf ihre Vollständigkeit überprüft, unterschreiben Sie am Ende der Woche in dem dafür vorgegebenen Feld. Fehlen noch

Einträge von Kollegen, heften Sie Zettel gut sichtbar an die entsprechenden Stellen und fordern den Klassenbuchführer auf, die Kollegen zu bitten, diese Stunden nachzutragen.

Haben Sie stets ein Auge darauf, welche **besonderen Vorkommnisse** Kollegen in das Klassenbuch eintragen. Kommen Schüler regelmäßig zu spät oder stören sie öfter den Unterricht? Dann halten Sie zunächst Rücksprache mit den Kollegen und informieren danach die Eltern des entsprechenden Kindes. Auch **Erziehungsmaßnahmen** werden im Klassenbuch notiert.

9.2 Entschuldigungen und Beurlaubungen

In der Schulbesuchsverordnung Baden-Württembergs heißt es z. B.: „Ist ein Schüler aus zwingenden Gründen (zum Beispiel Krankheit) am Schulbesuch verhindert, ist dies der Schule unter Angabe des Grundes und der voraussichtlichen Dauer der Verhinderung unverzüglich mitzuteilen (Entschuldigungspflicht)."

Die konkrete Ausgestaltung dieses gesetzlichen Rahmens ist in der jeweiligen Hausordnung der Schule geregelt. Gängige Praxis an vielen Schulen in Deutschland ist, dass die Schule bereits am ersten Fehltag morgens vor Unterrichtsbeginn telefonisch über das Fehlen eines Schülers informiert werden möchte. Meist bekommen Sie als Klassenlehrer noch vor Unterrichtsbeginn einen Zettel mit der Information über das Fehlen eines betreffenden Schülers in Ihr Fach gelegt. Den meisten Schulen genügt es dann, wenn der Schüler eine **schriftliche Entschuldigung** mit zur Schule bringt, sobald er wieder am Unterricht teilnehmen kann. Weisen Sie Ihre Schüler darauf hin, dass sie die Entschuldigungen nur bei Ihnen als Klassenlehrer abgeben können, damit Sie das Fehlen direkt im Klassenbuch als entschuldigt markieren können. Einfach ins Klassenbuch gelegte Entschuldigungen oder solche, die beim Fachlehrer abgegeben werden, gehen oftmals im Zettelchaos verloren, sodass die Fehlstunden dann als unentschuldigt stehen bleiben. Bewahren Sie die Entschuldigungen mindestens bis nach den nächsten Zeugnissen auf, um eventuellen Unstimmigkeiten noch einmal auf den Grund gehen zu können.

Weiß ein Schüler, dass er an einem bestimmten Tag nicht am Unterricht teilnehmen kann, weil er z. B. einen dringenden Termin beim Kieferchirurgen hat, benötigt er eine **Beurlaubung.** An den meisten Schulen ist es üblich, dass Sie als Klassenlehrer Beurlaubungen für einen Tag genehmigen dürfen. Handelt es sich um mehrere Tage oder um einen bzw. mehrere Tage, die direkt vor oder nach den Ferien liegen, geben Sie den Antrag auf Beurlaubung an Ihre Schulleitung weiter. Verfahren Sie ebenso, wenn Sie sich nicht sicher sind, ob der angegebene Grund eine Beurlaubung rechtfertigt.

9.3 Die Klassenkasse

Die meisten Klassen haben eine Klassenkasse. Das Geld der Klassenkasse wird von den Eltern eingezahlt. Dies kann durch regelmäßige (z. B. monatliche) Beiträge oder Einzahlungen nach Bedarf geschehen. Manchmal wird die Klassenkasse auch mit Preisgeldern oder Geldern aus Erlösen z. B. eines Klassentrödels gespeist. Das Geld kann zum Kauf von Unterrichtsmaterialien, für Wandertage, Klassenfahrten und anderes genutzt werden. Die Klassenkasse wird entweder von Ihnen als Klassenlehrer oder von einem auf der Klassenpflegschaftssitzung gewählten Kassenwart verwaltet.

Das Einrichten einer Klassenkasse ist auf jeden Fall empfehlenswert, da Sie sich damit den Umgang mit viel Kleingeld ersparen können. Kostet der Wandertag z. B. 9,30 Euro pro Kind, sammeln Sie 10 Euro ein und geben das restliche Geld in die Klassenkasse.

9.4 Organisatorisches im Schulalltag

Als Klassenlehrer haben Sie vielfältige organisatorische Aufgaben zu erledigen. Damit Sie dabei nicht im Chaos versinken und auch zeiteffektiv arbeiten (nicht an allen Schulen gibt es für Klassenlehrertätigkeiten eine Ordinariatsstunde), bietet es sich an, stets eine **Kladde** mit den wichtigsten Informationen dabei zu haben. Diese sollte die folgenden Dinge beinhalten:

- **Adressliste** der Schüler, am besten inklusive **Telefonnummern und E-Mail-Adressen** der Eltern,
- mehrere **Klassenlisten,**
- grober **Jahresüberblick** über anstehende Termine für die Klasse.

Auf diese Weise können Sie die Eltern jederzeit telefonisch oder per E-Mail erreichen und müssen nicht erst den Umweg über das Sekretariat gehen, um die nötigen Kontaktdaten zu erfragen. Auf den Klassenlisten sollten Sie stets alles vermerken, was Sie einsammeln müssen – das werden im Laufe eines Schuljahres viele Zettel (Informationen über Elternsprechtage, Rückmeldungen zu Wandertagen, Exkursionen, Lehrerwechseln usw.) und Gelder sein. Mit einer übersichtlichen Liste haben Sie stets schnell im Blick, von welchen Schülern Ihnen noch Rückläufer fehlen.

9.5 Zeugnisse schreiben

Das Zeugnisschreiben wird an den weiterführenden Schulen unterschiedlich gehandhabt. An manchen Schulen haben Sie als Klassenlehrer dabei nicht mehr Arbeit als ein normaler Fachlehrer, da Ihnen von anderer Stelle viele Aufgaben abgenommen werden. An anderen Schulen hingegen sind Sie für die meisten Vorgänge selbst verantwortlich. Erkundigen Sie sich rechtzeitig, welche Aufgaben beim Zeugnisschreiben an Ihrer Schule konkret auf Sie zukommen. Welche das im Einzelnen sein könnten, haben wir auf einer Checkliste für Sie zusammengestellt.

Checkliste: Zeugnisse schreiben

Checkliste: Zeugnisse schreiben **KV 23**

Vor der Zeugniskonferenz

- Haben alle Kollegen ihre Noten für die Klasse eingetragen?
- Habe ich die Fehlstunden (entschuldigt und unentschuldigt) für alle Schüler für das ganze Halbjahr addiert (eventuell mithilfe der Schüler im Klassenplenum)?
- Habe ich bei den entsprechenden Schülern notiert, welche Sonderaufgaben sie wahrgenommen haben (Klassensprecher, Klassenbuchführer usw.)?
- Habe ich von den Kollegen die Informationen erhalten, welche Schüler mit welchem Erfolg an welchen Arbeitsgemeinschaften teilgenommen haben?
- Habe ich die nötigen Informationen, welches Kind eventuell im Rahmen von muttersprachlichem Unterricht eine weitere Sprache außerhalb der Schule gelernt hat?
- Möchte ich bei bestimmten Kindern der Zeugniskonferenz Vorschläge zu Zeugnisbemerkungen (zum Sozial- und Arbeitsverhalten) machen?
- Habe ich die Noten aller Schüler in das mir zur Verfügung gestellte Zeugnispro-

KV 23

Nach den Zeugniskonferenzen erhalten Sie zumeist von dem für den Zeugnisdruck verantwortlichen Kollegen eine ausgedruckte Kontrolldatei, anhand derer Sie die Noten noch einmal überprüfen müssen. Mit Ihrer Zustimmung werden die Zeugnisse Ihrer Klasse danach endgültig gedruckt. Ihre letzte Aufgabe besteht nun darin, die Zeugnisse mit Name und Dienstgrad zu unterschreiben und an die Schulleitung (Schulleiter, Koordinator, Abteilungsleiter usw.) weiterzuleiten, damit diese die Zeugnisse ebenfalls unterschreibt. Achten Sie darauf, die Zeugnisse rechtzeitig weiterzugeben, um die Termine einzuhalten.

9.6 Aufgaben während der Erprobungsstufenkonferenzen

Eine Besonderheit der Klassen 5 und 6 sind die sogenannten Erprobungsstufenkonferenzen (EP, Bezeichnung in NRW). In Nordrhein-Westfalen z. B. finden außer den beiden Zeugniskonferenzen in jeder Jahrgangsstufe zwei dieser Konferenzen statt. Sie haben den Zweck, die Entwicklung der Schüler zu Beginn der weiterführenden Schule enger zu begleiten und das Funktionieren von Lerngruppen mit allen beteiligten Lehrern pädagogisch zu reflektieren. Als Klassenlehrer einer 5. oder 6. Klasse sind Sie also viel stärker mit Konferenzterminen belastet als Klassenlehrer höherer Jahrgangsstufen. Die Beratungen haben unterschiedliche Schwerpunkte:

- **1. EP:** Die Lehrer einer Klasse tauschen ihre ersten Eindrücke aus, die sie von den Schülern gewonnen haben, und beraten über erste gemeinsame pädagogische Strategien zum Umgang mit der neuen Klasse. Außerdem können erste Förderempfehlungen vorbereitet werden. (Eine Konferenzausrichtung, die auf einen Dialog mit den Eltern zielt, wird in Kapitel 8.1 vorgestellt.)

Gesprächsleitfaden: 1. Erprobungsstufenkonferenz

Gesprächsleitfaden: 1. Erprobungsstufenkonferenz **KV 24**

Gesprächsinhalte

1. **Allgemeine Entwicklung der Klasse**
   a. Kurzer Bericht der Klassenlehrerin/des Klassenlehrers
   b. Kurze Kommentare der übrigen Fachlehrer/innen
2. **Schüler/innen mit Leistungsdefiziten oder ausreichenden Leistungen**
   a. Erörterung von Hintergründen (u. a. Empfehlungen der Grundschulen)
   b. Eintragungen in die Klassenliste „Förderunterricht"
3. **Schüler/innen, die in der Schulform eventuell überfordert sein könnten**
   a. Notiz im Protokollbuch
   b. Eventuell Auftrag an die/den Klassenlehrer/in, beim nächsten Elternsprechtag entsprechende Gespräche zu führen
4. **Schüler/innen mit besonderen Begabungen**
   a. Empfehlungen zur individuellen Förderung im schulischen Rahmen

KV 24

- **2. EP (Konferenz zum Zwischenzeugnis):** Die Konferenz kann z. B. darüber beraten, ob bei einzelnen Schülern Förderbedarf erkennbar ist (vgl. Kapitel 6.2 und KV: Förderbedarfsliste). Außerdem kann der Klassenlehrer sich mit den anderen Fachkollegen darüber abstimmen, ob den Eltern einzelner Schüler eine besondere Empfehlung zur Wahl der zweiten Fremdsprache gegeben werden soll (vgl. Kapitel 8.6).
- **3. EP:** Die Konferenz kann zur Beratung über die weitere Entwicklung der Klasse genutzt werden, aber auch zu einem gezielten Austausch über die längerfristige Entwicklung von Schülern, an der auch die ehemaligen Grundschullehrer dieser Schüler teilnehmen können (vgl. Kapitel 2.4).
- **4. EP (Zeugniskonferenz der Jahrgangsstufe 5):** Da beim Übergang von der Klassenstufe 5 in die Klassenstufe 6 kein Versetzungsverfahren stattfindet, kann während der Konferenz der Leistungsstand der Schüler bilanziert und im Bereich der Förderangebote eventuell nachgesteuert werden.

- **5. EP:** Gibt es keinen aktuellen Problemdruck, können Sie als Klassenlehrer – in Absprache mit dem zuständigen Koordinator – diese Konferenz nutzen, um ihr bisheriges Konzept zum pädagogischen Umgang mit der Klasse zur Diskussion zu stellen und weiterzuentwickeln.
- **6. EP (Konferenz zum Zwischenzeugnis in Klasse 6):** Die Konferenz bietet Gelegenheit, in besonderer Weise über die Förderung einzelner Schüler nachzudenken. Manche Schüler erhalten mit dem Zwischenzeugnis Lern- und Förderempfehlungen, wenn ihre Leistungen in einigen Fächern nicht ausreichend sind. Im Anschluss daran werden die Schüler zusammen mit ihren Eltern zu individuellen Förderplangesprächen eingeladen (vgl. Kapitel 6.2).
- **7. EP:** In dieser Konferenz müssen die Weichen für den weiteren Lernweg der Schüler gestellt werden. Eltern von Schülern, bei denen ein Schulformwechsel erwogen werden muss (gilt hauptsächlich für das dreigliedrige Schulsystem), müssen nach dieser Konferenz in die Beratungen mit einbezogen werden (vgl. Kapitel 10.5).
- **8. EP (Zeugniskonferenz der Jahrgangsstufe 6):** Mit dieser Konferenz, in der es erstmals um die Versetzung der Schüler geht, wird die Erprobungsstufe abgeschlossen. Einige Schüler verlassen die Klasse und entscheiden sich möglicherweise auch für eine andere Schulform. Oft wechselt der Klassenlehrer mit dem Eintritt der Schüler in die 7. Klasse.

9.7 To-do-Liste für das ganze Jahr

Als Klassenlehrer einer 5. oder 6. Klasse sind Ihre Aufgaben sehr komplex. Sie sollten sich deshalb jeweils eine To-do-Liste für das ganze Jahr anlegen, damit Sie immer den Überblick behalten. Zum Beispiel sollten Sie in der 5. Klasse rechtzeitig die Begleitperson für eine Klassenfahrt finden, mit den Klassenlehrer-Kollegen der 5. Klassen Termin- und eventuell auch Programmabsprachen für Wandertage treffen oder – als Nicht-Sprachenlehrer – frühzeitig mit den in der Klasse unterrichtenden Fachkollegen klären, welche Empfehlungen zur Wahl der zweiten Fremdsprache gegeben werden können. In der 6. Klasse sollten Sie früh genug Abstimmungen darüber herbeiführen, ob einzelnen Schülern und deren Eltern ein Wechsel in eine andere Schulform empfohlen werden soll.

To-do-Liste: Klasse 5 — KV 25

To-do-Liste: Klasse 6 — KV 26

To-do-Liste: Klasse 5 (1. Seite) KV 25

Vorhaben	Zeitpunkt	Vorbereitung
Kennenlernnachmittag	im alten Schuljahr	Kennenlernspiele, Getränke usw. rechtzeitig besorgen.
Mitwirkung bei der Aufnahmefeier	1. Schultag	Part während der Feier im alten Schuljahr rechtzeitig abklären.
eventuell Betreuung der Fahrschüler der Klasse durch Busaufsichten	1. Schulwoche	Mit anderen Klassenlehrern ein Konzept erarbeiten, das bei den ersten Anzeichen von Problemen wirksam werden kann.
Sitzordnung	1. Schulwoche	Die Klasse in den ersten Tagen genau beobachten und einen Vorschlag für eine Sitzordnung erarbeiten, die zur Klasse passt.
Festlegung Klassenbuchführung	1. Schulwoche	Rechtzeitig Erkundigungen einholen, wer eventuell bereits in der Grundschule Erfahrungen mit der Klassenbuchführung gemacht hat.
Rallye durch die Schule	in den ersten Wochen	Einige Tage vorher Materialien kopieren und für jede Rallye-Gruppe vorbereiten.
Festlegung von Verhaltensregeln	in den ersten Wochen	Einige Tage vorher Poster besorgen.
Wahl des Klassen-sprechers	in den ersten Wochen	Da die Schüler zur Wahl eines Kandidaten aus der eigenen Grundschulklasse

10 Rechtliche Regelungen

Viele schulische Abläufe sind formal geregelt. Sie sollten die rechtlichen Bestimmungen (Schulgesetz, Erlasse usw.) genau kennen, um sich nicht angreifbar zu machen.

10.1 Der Klassenbucheintrag

Eine Eintragung ins Klassenbuch ist die häufigste Reaktion von Lehrern, wenn es bei Schülern zu einem Fehlverhalten kommt. Die Notizen sind zur Information für alle anderen in der Klasse unterrichtenden Lehrer gedacht, besonders aber für den Klassenlehrer, der sich in regelmäßigen Abständen einen Überblick darüber verschaffen sollte. Bei mehreren Einträgen zu ein und demselben Schüler ist es angezeigt, die **Eltern** zu informieren und sie verbindlich in ein zu entwickelndes **pädagogisches Konzept** einzubinden. Zugleich hat ein Eintrag im Klassenbuch **rechtliche Relevanz**, denn damit ist für alle späteren disziplinarischen Maßnahmen gegen einen Schüler ein Fehlverhalten offiziell dokumentiert. Die Frage, in welchen Fällen es dazu kommt, sollte der Klassenlehrer in einer der ersten Erprobungsstufenkonferenzen (vgl. Kapitel 9.6) mit allen in der Klassen unterrichtenden Kollegen klären. Einige Kollegen neigen ansonsten vielleicht zu einer inflationären Nutzung von Einträgen, die deren Wirkung mindert.

10.2 Ermahnungen, Sonderaufgaben und Unterrichtsausschlüsse

Gehen von einem Schüler in Ihrer Klasse **akute Bedrohungen** für Leib und Leben der Mitschüler aus, sind sofortige Maßnahmen notwendig. In einem solchen Fall sollte sofort die Schulleitung informiert werden. Sie kann den betreffenden Schüler umgehend vom Unterricht ausschließen, wenn sie den Eindruck hat, dass ihre Fürsorgepflicht gegenüber den Schülern, aber auch gegenüber den Kollegen einen solchen Schritt erfordert.

Solche Aktionen sind allerdings nur sehr selten notwendig. In vielen Fällen von Schülerfehlverhalten sind – im Vorfeld von Ordnungsmaßnahmen – **erzieherische Schritte** sinnvoll. Dazu gehören z. B. das erzieherische Einzelgespräch, Gruppengespräche mit Schülern und Eltern, die **Ermahnung** oder die mündliche oder schriftliche **Missbilligung** des Fehlverhaltens. Außerdem kann ein Schüler **Sonderaufgaben** erhalten, die geeignet sind, das Fehlverhalten zu verdeutlichen. Diese Möglichkeiten erzieherischer Handlungen stehen Ihnen als Klassenlehrer zur Verfügung, ohne dass die Schulleitung oder gar die Ordnungsmaßnahmenkonferenz eingeschaltet werden muss.

Bei wiederholtem Fehlverhalten eines Schülers sollte eine schriftliche Information der Eltern erfolgen, damit die erzieherische Einwirkung der Schule vom Elternhaus unterstützt werden kann. Zu beachten ist außerdem, dass derartige Handlungen gegenüber mehreren Schülern nur zulässig sind, wenn das Fehlverhalten jedem Einzelnen zuzurechnen ist.

10.3 Die Ordnungsmaßnahmenkonferenz

Sind die pädagogischen Mittel des Klassenlehrers und der übrigen in einer Klasse unterrichtenden Lehrer im Umgang mit dem Fehlverhalten eines Schülers weitgehend ausgeschöpft, sollte der Klassenlehrer die **Schulleitung informieren** und mit ihr eine Ordnungsmaßnahme vorbesprechen. Nach Anhörung des betreffenden Schülers kann die Schulleitung einen **schriftlichen Verweis**, die **Überweisung in eine Parallelklasse** oder den vorübergehenden **Ausschluss vom Unterricht** (Dauer: ein Tag bis zwei Wochen) aussprechen.

Für weitergehende Beschlüsse ist eine **Ordnungsmaßnahmenkonferenz** einzuberufen. Dieser von der Lehrerkonferenz berufenen Teilkonferenz gehören an (Regelung in NRW): ein Mitglied der Schulleitung, der Klassenlehrer, drei weitere, für die Dauer eines Schuljahres zu wählende Lehrer sowie je ein Vertreter der Schulpflegschaft und des Schülerrates. Letztere dürfen an der Konferenz nur dann teilnehmen, wenn der Schüler oder die Eltern der Teilnahme nicht widersprechen. Sie als Klassenlehrer haben die Aufgabe, die Konferenz inhaltlich vorzubereiten und die Teilnahmeberechtigungen abzuklären.

In der Ordnungsmaßnahmenkonferenz erhalten der betreffende Schüler und seine Eltern Gelegenheit, zu den gegen ihn erhobenen Vorwürfen Stellung zu nehmen. Dabei kann der Schüler von einem Schüler seines Vertrauens unterstützt werden. Die gewählten Mitglieder der Ordnungsmaßnahmenkonferenz beraten dann unter sich über den Fall. Am Ende steht ein Beschluss. Dieser kann – abgesehen von den oben genannten Maßnahmen – in besonders schweren Fällen die **Androhung der Entlassung von der Schule** oder den **Schulverweis** vorsehen. Der Verweis von der Schule bedarf der Bestätigung durch die Schulaufsichtsbehörde. Der Beschluss der Ordnungsmaßnahmenkonferenz wird schriftlich begründet und den Eltern bekanntgegeben.

10.4 Rechtliche Regelungen für Klassenfahrten und Ausflüge

Immer wieder stellt sich gerade für Berufsanfänger die Frage nach den rechtlichen Regelungen, wenn es um eine Klassenfahrt geht. Im Folgenden sind die wichtigsten Regelungen festgehalten:

- Die Klassenpflegschaft entscheidet über **Ziel, Programm und Dauer** der Klassenfahrt auf Grundlage eines Vorschlages des Klassenlehrers. In vielen Schulen sind z. B. die Dauer und die maximale Entfernung des Ziels durch Schulkonferenzbeschlüsse vorgegeben.
- Das **Einverständnis der Eltern** mit der Teilnahme des Kindes an der mehrtägigen Fahrt ist vor Vertragsschluss unter Angabe des Zielortes und der voraussichtlichen Kosten schriftlich einzuholen.
- Jede Schulfahrt ist darüber hinaus vom Schulleiter vor Vertragsschluss als **Dienstreise** oder als Dienstgang genehmigen zu lassen.
- In der Regel sind alle Schüler der Klasse verpflichtet, an der Klassenfahrt teilzunehmen. „In besonderen Ausnahmefällen ist [in NRW] gemäß § 43 Abs. 3 SchulG eine **Befreiung von der Pflicht zur Teilnahme** möglich. Ein entsprechender Antrag ist von den Eltern schriftlich zu begründen. Bei mehrtägigen Veranstaltungen wird die Befreiung erteilt, wenn die Eltern auch nach einem Gespräch über Ziele und Inhalt der Klassenfahrt aus religiösen oder gravierenden erzieherischen Gründen bei ihrem Antrag bleiben. Schülerinnen und Schüler, die von der Teilnahme befreit sind, besuchen den Unterricht einer anderen Klasse oder eines anderen

Kurses. Ist dies nicht möglich, werden ihnen unterrichtsbezogene Aufgaben gestellt."[1]

- Zur **Vermeidung von Unfällen** ist eine aktive, vorausschauende und kontinuierliche Aufsicht zu gewährleisten. Der Klassenlehrer kann den Schülern nach vorheriger Absprache mit den Eltern die Möglichkeit einräumen, zeitlich und örtlich begrenzte, angemessene Unternehmungen (in der Regel in Gruppen) durchzuführen, ohne dass dabei eine Aufsichtsperson jeden Schüler überwacht. Eine Begleitperson muss dann jedoch jederzeit erreichbar sein.
- Besondere Regelungen wurden für **Unternehmungen mit besonderen Risiken** getroffen. Für NRW gilt z. B.: „Für sportliche Unternehmungen mit einem erhöhten Sicherheitsrisiko (z. B. Schwimmen und Baden, Wassersport, Wanderungen im Hochgebirge oder im Watt, Skisport) gelten auch bei Schulfahrten der Runderlass ‚Sicherheitsförderung im Schulsport' v. 26. 11. 2014 (BASS 18–23 Nr. 2) sowie die ‚Sicherheitsvorschriften für das Schwimmen im Rahmen des Schulsports' und die ‚Erläuterungen und Empfehlungen zur Sicherheitsförderung im Schulsport', Heft 1033 der Schriftenreihe ‚Schule in NRW'."[2] Es ist ratsam, sich hier als Klassenlehrer gründlich abzusichern.
- Die Eltern sind aufgrund ihrer schriftlichen Anmeldung zur **Übernahme der anteiligen Kosten** auch dann verpflichtet, wenn ihr Kind die Fahrt aus Krankheits- oder sonstigen Gründen nicht antreten kann. Auf dieses Risiko und die Möglichkeit, eine Reiserücktrittsversicherung abzuschließen, müssen Sie als Klassenlehrer auf einem Elternabend oder in einem Informationsbrief an die Eltern ausdrücklich hinweisen.
- Bei **grobem Fehlverhalten** können Schüler vorzeitig von der Klassenfahrt ausgeschlossen und auf Kosten der Eltern zurückgeschickt werden. Auch über diese Regelung sind die Eltern vor Beginn der Fahrt zu informieren.
- Auf Klassenfahrten müssen Sie als Klassenlehrer ebenso wie auf Exkursionen und Wandertagen **Sanitätsmaterial zur Ersten Hilfe** mitnehmen. Erste-Hilfe-Taschen erhalten Sie zumeist im Sekretariat Ihrer Schule. Zudem sollten die begleitenden Lehrer über Kenntnisse und Übung in Erster Hilfe verfügen. Hat sich ein Unfall ereignet, ist zunächst Erste Hilfe zu leisten, dann für ärztliche Hilfe zu sorgen und gegebenenfalls die zuständige Polizeistation in Kenntnis zu setzen. Danach sind der Schulleiter sowie die Eltern zu unterrichten. Der Schulleiter informiert den Träger der gesetzlichen Unfallversicherung.
- Für Schüler besteht bezüglich Körperschäden während der Teilnahme an schulischen Veranstaltungen **gesetzlicher Unfallversicherungsschutz.** Dieser gilt auch für den Weg zum und vom Ort der Klassenfahrt.

10.5 Versetzung und Schulformwechsel

Die folgenden Überlegungen sind auf die rechtlichen Rahmenbedingungen in NRW abgestimmt, jedoch weitgehend auch auf andere Bundesländer übertragbar. Am Ende der Klassen 5 und 6 – die z. B. in Nordrhein-Westfalen **Erprobungsstufe** genannt werden – wird meist eine Entscheidung darüber getroffen, ob ein Kind auf einer bestimmten **Schulform** bleiben kann oder diese verlassen muss. Die Schlussphase der Jahrgangsstufe 6 ist unabhängig davon ein guter Zeitpunkt, grundsätzlich darüber nachzudenken, ob die für den Anfang der Klasse 5 gewählte Schulform für das Kind

---

1 Richtlinien für Schulfahrten; RdErl. d. Ministeriums für Schule und Weiterbildung v. 19. 03. 1997; Stand 1. Juni 2015 [NRW].

2 Ebd.

immer noch die richtige ist oder ob es an einer anderen Schulform vermutlich bessere Entwicklungsmöglichkeiten hätte.

In NRW gibt es für die Klasse 5 kein Versetzungsverfahren, sie kann allerdings freiwillig wiederholt werden. Am Ende von Klasse 6 wird die Erprobungsstufe mit einer Versetzungsentscheidung abgeschlossen. Diese Entscheidung hat einen geregelten Vorlauf:

- Eine **Erprobungsstufenkonferenz**, die rechtzeitig anzusetzen ist, berät über den Leistungsstand der Schüler und ihre zu erwartende Entwicklung in der gewählten Schulform.

7. EP zum Verbleib in der Schulform

KV 27

7. EP zum Verbleib in der Schulform KV 27

Die letzte Erprobungsstufenkonferenz vor der Versetzungskonferenz in der Klassenstufe 6 hat eine besondere Funktion: Spätestens in dieser Klassenkonferenz muss gründlich beraten werden, welche Schüler aufgrund nicht ausreichender Leistungen das Klassenziel vermutlich nicht schaffen werden. Einzelheiten sind in Landeserlassen geregelt. Die folgenden Verfahrensschritte sollten Sie nicht vergessen:

In der Konferenz

1. Prüfung, ob die Schulform gewechselt werden soll oder nicht.
2. Vorbereitung der Entscheidung, ob in der folgenden Zeugniskonferenz bei Nichtversetzung eine Wiederholung empfohlen werden soll oder nicht. (In NRW ist z. B. nach der Ausbildungs- und Prüfungsordnung Sekundarstufe I (APOSI) der Übergang in eine andere Schulform vorgesehen.)

Nach der Konferenz

1. Unmittelbar im Anschluss an die Konferenz entsprechende Mitteilung an die Eltern (z. B. in NRW mindestens sechs Wochen vor Schuljahresende) und Anbieten eines Beratungstermins zur Wahl der zukünftigen Schule.
2. Nach Beratung mit den Eltern Mitteilung des Klassenlehrers an den zuständigen Koordinator der Schule.

Klasse 6

Die folgenden Schüler/innen werden voraussichtlich auf Beschluss der Versetzungskonferenz zu einer anderen Schule wechseln (müssen):

Name	Fächer mit zzt. nicht ausreichenden Leistungen	Elterninformation erfolgte am	Von den Eltern gewünschte Schule

- Kommt das Kollegium einer Klasse (mehrheitlich) zu dem Schluss, dass ein Schulformwechsel zu empfehlen ist, müssen die Eltern des Kindes mindestens sechs Wochen vor Schuljahresende schriftlich davon in Kenntnis gesetzt werden.
- Als Klassenlehrer haben Sie die Aufgabe, den Konferenzbeschluss umzusetzen. Sie schreiben einen **Brief an die Eltern** bzw. Erziehungsberechtigten und bieten zugleich eine Beratung zu Fragen des Schulformwechsels an. Richten Sie sich darauf ein, dass Eltern insbesondere an Informationen über die **Modalitäten des Übergangs** an eine andere Schule (s. u.) interessiert sind. In aufnehmenden Schulen einer anderen Schulform wird ein in der abgebenden Schule nicht versetztes Kind oft probeweise in die Klassenstufe 7 integriert, bis – nach etwa sechs Wochen – absehbar ist, ob der weitere Weg ohne „Sitzenbleiben" möglich ist. Sie sollten – beim zuständigen Koordinator oder der Schulleitung – in Erfahrung bringen, ob eine solche Regelung bei aufnehmenden Schulen in Ihrem Umfeld besteht. An vielen Schulen gibt es auch eingespielte Verfahren einer Überleitung, die den betroffenen Eltern sehr entgegenkommen: Sie als Klassenlehrer oder der zuständige Koordinator Ihrer Schule bereitet in einem Gespräch mit der aufnehmenden Schule den Schulformwechsel vor. Die Eltern sind in der Regel sehr dankbar für diese Hilfe.

Elternbrief: Verbleib in der Schulform gefährdet!

Elternbrief: Verbleib in der Schulform gefährdet! KV 28

KV 28

Datum: ______________

Sehr geehrte Frau ______________________________________,

sehr geehrter Herr ______________________________________,

die Erprobungsstufenkonferenz der Klasse 6 ____ ist am ______________

zu der Einschätzung gelangt, dass die Leistungen Ihrer Tochter / Ihres Sohnes

______________________ in einer Reihe von Fächern eine Versetzung in Klasse 7 am Ende des Schuljahres unwahrscheinlich erscheinen lassen. Gleichzeitig halten die Lehrerinnen und Lehrer der Klasse es für wahrscheinlich, dass sie am Ende des Schuljahres keine Empfehlung für eine Wiederholung der Klasse 6 aussprechen werden. Für diesen Fall sieht die „Ausbildungs- und Prüfungsordnung Sekundarstufe I" vor, dass Ihr Kind die Schulform wechselt.

Ich bitte Sie, möglichst bald mit mir einen Beratungstermin zu vereinbaren. Gegenstand unserer Überlegungen sollte die Klärung der Frage sein, an welcher Schule der Bildungsweg Ihres Kindes erfolgreich fortgesetzt werden kann. Der zuständige Koordinator unserer Schule wird dann mit der von Ihnen gewünschten Schule Kontakt aufnehmen, deren Aufnahmekapazitäten erfragen und eventuell die Übergangsmodalitäten klären.

Mit freundlichen Grüßen

____

Klassenlehrer(in)

- Am Ende von Klasse 6 entscheidet die **Versetzungskonferenz** darüber, ob ein Kind eine in Klasse 5 gewählte Schulform weiterhin besuchen kann oder nicht. Für die allermeisten Kinder wird das der Fall sein. Für einige jedoch nicht, wenn nach den Landes-Versetzungsvorschriften eine Versetzung nicht ausgesprochen werden kann. Dabei ist zu beachten, dass eine Nachprüfung zum Zweck der Erreichung einer nachträglichen Versetzung in Klasse 6 nicht vorgesehen ist (Regelung in NRW). Eine **Wiederholung der 6. Klasse** ist nur möglich, wenn die Versetzungskonferenz im Ausnahmefall ausdrücklich beschließt, dass es konkrete Anhaltspunkte gibt, die eine spätere Versetzung in dieser Schulform durchaus erwarten lassen.
- Am Ende der Klassenstufen 5 und 6 ist bei einem guten oder sehr guten Leistungsstand auch ein **Wechsel in eine „höhere" Schulform** möglich. Auch einen solchen Wechsel kann der Klassenlehrer oder die Stufenleitung mit der annehmenden Schule vorher abklären und dann in der Versetzungskonferenz empfehlen.

11 Die Klasse übergeben

An vielen Schulen wechselt nach Klasse 6 der Klassenlehrer. In diesem Fall findet am Schuljahresende ein Übergabegespräch statt, bei dem der abgebende Klassenlehrer den Kollegen, der die Klasse übernehmen soll, genau informiert. Ziel ist es, für die pädagogischen Konzepte, die für die Klasse entwickelt wurden, eine möglichst reibungslose Weiterführung zu gewährleisten. Dadurch wird verhindert, dass mühsam erworbene Erfahrungen bei einem Klassenlehrerwechsel wieder verlorengehen. Weitergegeben werden u. a.:

Statistische Informationen

- Zur Klassengröße,
- zum Verhältnis von Mädchen und Jungen,
- zur Altersstreuung,
- zur Zahl der Wiederholer bzw. der Schüler, die eine frühere Klasse übersprungen haben,
- zum Anteil ausländischer Schüler bzw. zur Anzahl der Schüler mit Migrationshintergrund,
- zum Anteil der Fahrschüler.

Leistungsbezogene Informationen

- Zum Notendurchschnitt in den schriftlichen Fächern,
- zur Leistungsentwicklung im letzten Schuljahr,
- zu Schülern, die nur aufgrund eines Notenausgleichs versetzt worden sind,
- zu Schülern mit besonderen Fähigkeiten oder Schwächen in einzelnen Fächern,
- zu Schülern, die dauerhaft eine individuelle Förderung bzw. fachliche Nachhilfe benötigt haben.

Informationen zur sozialen Entwicklung der Klasse

- Zum Zusammenhalt oder zur Cliquenbildung in der Klasse,
- zu Außenseitern und Einzelgängern,
- zu Schülern, die in der Klasse eine herausragende Stellung einnehmen,
- zu Verhaltensauffälligkeiten von Schülern,
- zu Erziehungs- und Ordnungsmaßnahmen,
- zu Fällen von Mobbing oder sozialer Ausgrenzung.

Informationen über besondere gesundheitliche Belastungen

- Zu Schülern, deren gesundheitliche Belastungen für die Alltagsarbeit besondere Vorkehrungen und Vorbereitungen notwendig machen (z. B. zu Schülern, die Insulin spritzen müssen; zu Schülern, bei denen epileptische Anfälle auftreten können),
- zu Schülern, die aus gesundheitlichen Gründen dauerhaft vom Sportunterricht befreit waren.

Informationen in Sachen Inklusion

- Zu Nachteilsausgleichen,
- zu sonstigen Regelungen, die getroffen werden müssen.

12 Kopiervorlagen

Kontakt-Monitoring

Schüler/in	… hat selbst Kontakt aufgenommen.	… nimmt viel Lehrerzeit in Anspruch.	Gezielte Kontaktaufnahme erforderlich.

Materialbeschaffungsliste

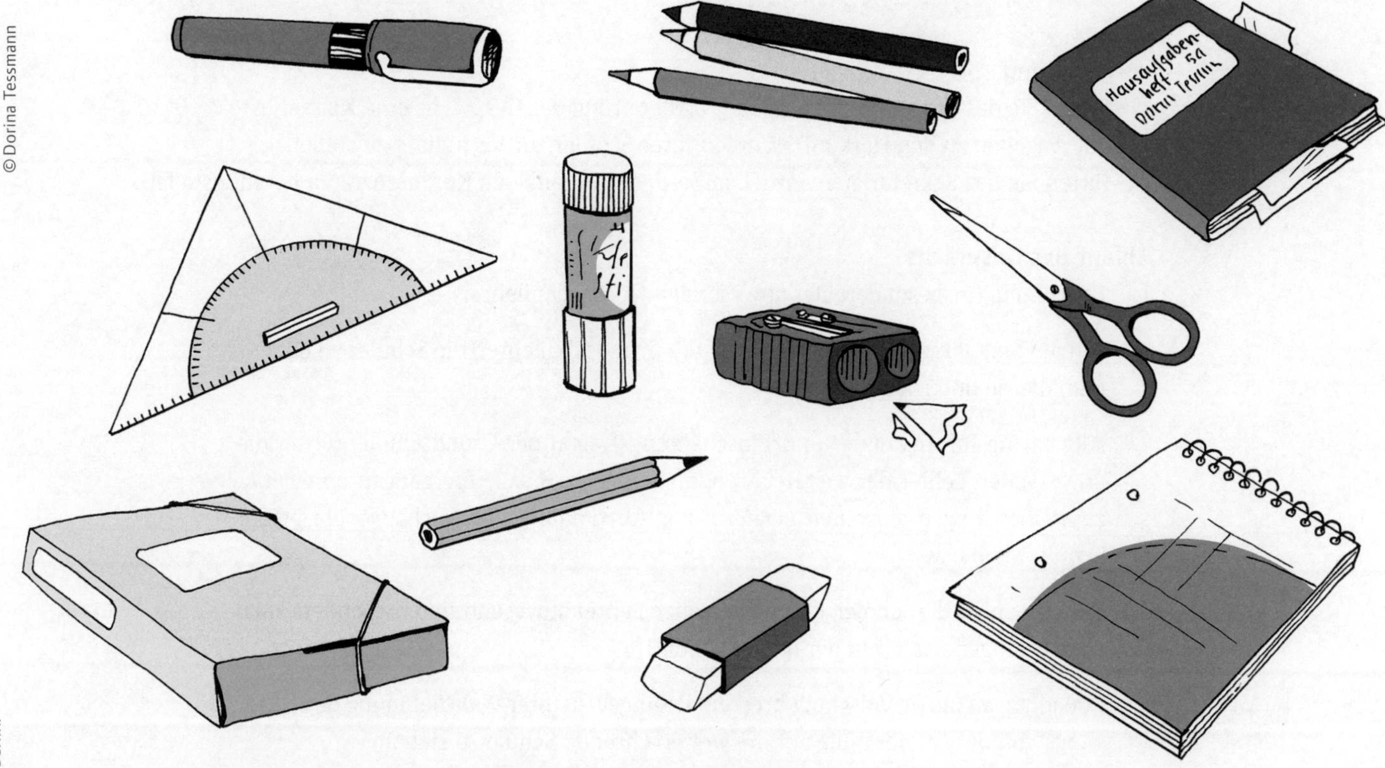

Sachen, die du jeden Tag zur Schule mitbringst:

- Stundenplan – du bekommst ihn am ersten Schultag.
  Du solltest einen Vordruck dabei haben, in den du die Stunden eintragen kannst.
- Füller
- Bleistift
- 3 bis 5 Buntstifte
- Radiergummi
- Anspitzer
- Geodreieck
- Schere
- Klebstoff
- Schreibblock
- Hausaufgabenheft
- Ordner für deine Schul- und Klassenarbeitshefte

Sachen, die du je nach Stundenplan für den jeweiligen Tag mitbringst:

- Schulhefte für die verschiedenen Fächer
- Schulbücher für die verschiedenen Fächer
- Sportzeug

Sachen, die du am Anfang des Schuljahres einmalig mitbringst:

- Klassenarbeitsheft für Deutsch (mit einem ______________ Umschlag)
- Klassenarbeitsheft für Englisch (mit einem ______________ Umschlag)
- Klassenarbeitsheft für Mathematik (mit einem ______________ Umschlag)

Eine Erprobungsstufenkonferenz mit Grundschullehrern moderieren KV 3

Vorbereitung

- Bitten Sie das Sekretariat darum, zur Vorbereitung des Gesprächs eine Klassenliste mit Angaben zu den Herkunftsschulen Ihrer Schüler zur Verfügung zu stellen.
- Bitten Sie das Sekretariat eventuell außerdem, Getränke im Konferenzraum bereitzustellen.

Ablauf des Gesprächs

1. Begrüßung (insbesondere der anwesenden Grundschullehrer)
2. Kurze Vorstellungsrunde (mit Bitte an die Grundschullehrer, die Schüler zu benennen, die sie unterrichtet haben)
3. Allgemeine Informations- und Einschätzungsfragen der Grundschullehrer an die anwesenden Lehrer der weiterführenden Schule (z. B. zur Übergangsproblematik, zum Übergang in einzelnen Fächern, zur Abstimmung der Fachcurricula beider Schulformen usw.)
4. Beratung über die Schüler, deren ehemalige Lehrer anwesend sind (besonders auch über gelungene Starts in der neuen Schule)
5. Einladung an die Grundschullehrer, ein Resümee zu ihrer Wahrnehmung des Übergangs von der Grundschule auf die weiterführende Schule zu ziehen

Kurze Pause
(An dieser Stelle haben die Grundschullehrer die Möglichkeit, sich für eine weitere Teilnahme an der Konferenz zu entscheiden oder die Konferenz zu verlassen.)

6. Beratung über die restlichen Schüler der Klasse
7. Verabschiedung

Finde alle, die ... KV 4

© Dorina Tessmann

Anleitung

Sucht euch einen Raum oder eine freie Fläche, auf der ihr euch alle frei bewegen könnt.
Sucht Mitschüler mit dem gleichen Merkmal:

Finde alle, die ...

- mit dir in einer Grundschulklasse waren.
- mit dir auf derselben Grundschule waren.
  (Unterbrechung: Die Grundschulen und ihre Klassen können nacheinander genannt werden.)

- genauso viele Geschwister haben wie du.
- im gleichen Ort/Stadtteil wohnen wie du.
  (Unterbrechung: Die Orte/Ortsteile/Stadtteile können genannt werden.)

- eine fremde Sprache sprechen können.
  (Unterbrechung: Alle von den Schülern gesprochenen Fremdsprachen nennen und erzählen lassen, wo sie diese gelernt haben.)

- ein Oberteil in der gleichen Farbe wie du anhaben.
- die gleiche Haarfarbe wie du haben.
- die gleiche Augenfarbe wie du haben.

- das gleiche Hobby wie du haben.
- das gleiche Lieblingsessen wie du haben.
- das gleiche Lieblingsfach wie du haben.
- das gleiche Haustier wie du haben.
- Bücher von dem gleichen Lieblingsschriftsteller lesen.

- das gleiche Instrument spielen können.
- Fan der gleichen Bundesligamannschaft sind.

- in den letzten drei Tagen (nicht) Fahrrad gefahren sind.
- in den letzten drei Monaten die gleiche Krankheit hatten.
- am letzten Geburtstag das Gleiche geschenkt bekommen haben.

Partnerinterview

Aufgabe

Stelle deinem Gesprächspartner die folgenden Fragen und notiere seine Antworten sehr sorgfältig. Im Anschluss an das Partnerinterview sollst du deinen Mitschüler mithilfe des Steckbriefes der Klasse vorstellen.

Steckbrief von: ______________________________

Foto
deines Gesprächspartners

© Dorina Tessmann

Spitzname: ______________________________

Geburtsdatum: ______________________________

Wo wohnst du? ______________________________

____

Was sind deine Hobbys? ______________________________

____

____

Was ist dein Lieblingsfach? ______________________________

____

Was schaust du am liebsten im Fernsehen? ______________________________

____

____

Was wünschst du dir für deine neue Klasse? ______________________________

____

____

____

____

Förderbedarfsliste

KV 6

Klasse ______

Individueller Förderbedarf der Schüler auf Basis von: Grundschulgutachten, Gesprächen mit Grundschullehrern und eigenen Beobachtungen.

Schüler/in	Gutachten der Grundschule	Gespräche mit Grundschullehrern	Eigene Befunde

Tafel-, Kreide- und Ordnungsdienst

KV 7

© Dorina Tessmann

Schuljahr ____________________ / ______ **Halbjahr**

Datum/Woche	Name	Name	Ok?

Rote Karte

Rote Karte

© Dorina Tessmann

Das darf doch nicht wahr sein! Ich habe von ____________________ die Rote Karte erhalten und muss diesen Text jetzt fehlerfrei abschreiben. Dabei habe ich doch nur ganz kurz gestört und war auch gar nicht laut. Überhaupt: Stören die anderen Schülerinnen und Schüler etwa nie den Unterricht?

Wie kann es sein, dass ausgerechnet ich erwischt wurde? Hat der Lehrer sich vielleicht versehen? Oder hat er doch irgendwie recht?

Naja, abgelenkt war ich schon, und ich weiß natürlich nicht, was der Lehrer alles wahrnimmt. Vielleicht habe ich auch schon vorher den Unterricht gestört. Ich war ja schon ermahnt worden, da hätte ich es danach wirklich nicht mehr darauf anlegen sollen.

Warum störe ich eigentlich den Unterricht? War mir vielleicht langweilig oder musste ich ganz dringend etwas besprechen? Hätte ich das nicht in der Pause machen können? Warum versuche ich nicht einmal, mich am Unterricht zu beteiligen, statt ihn zu stören, wenn mir langweilig ist? Dann bekäme ich nicht nur eine gute Note, sondern müsste auch diese blöde Karte nicht abschreiben. Ich habe wirklich Besseres zu tun und der Lehrer mit Sicherheit auch.

In den nächsten Stunden sollte ich gut aufpassen, dann läuft es für alle besser.

Rote Karte

© Dorina Tessmann

Das darf doch nicht wahr sein! Ich habe von ____________________ die Rote Karte erhalten und muss diesen Text jetzt fehlerfrei abschreiben. Dabei habe ich doch nur ganz kurz gestört und war auch gar nicht laut. Überhaupt: Stören die anderen Schülerinnen und Schüler etwa nie den Unterricht?

Wie kann es sein, dass ausgerechnet ich erwischt wurde? Hat der Lehrer sich vielleicht versehen? Oder hat er doch irgendwie recht?

Naja, abgelenkt war ich schon, und ich weiß natürlich nicht, was der Lehrer alles wahrnimmt. Vielleicht habe ich auch schon vorher den Unterricht gestört. Ich war ja schon ermahnt worden, da hätte ich es danach wirklich nicht mehr darauf anlegen sollen.

Warum störe ich eigentlich den Unterricht? War mir vielleicht langweilig oder musste ich ganz dringend etwas besprechen? Hätte ich das nicht in der Pause machen können? Warum versuche ich nicht einmal, mich am Unterricht zu beteiligen, statt ihn zu stören, wenn mir langweilig ist? Dann bekäme ich nicht nur eine gute Note, sondern müsste auch diese blöde Karte nicht abschreiben. Ich habe wirklich Besseres zu tun und der Lehrer mit Sicherheit auch.

In den nächsten Stunden sollte ich gut aufpassen, dann läuft es für alle besser.

Die Vervielfältigung dieser Seite ist für den eigenen Unterrichtsgebrauch gestattet. Für inhaltliche Veränderungen durch Dritte übernimmt der Verlag keine Verantwortung. © 2018 Cornelsen Verlag GmbH, Berlin. Alle Rechte vorbehalten.

Stundenprotokoll

KV 9

Datum: ________________

Aufgrund wiederholten Fehlverhaltens im Unterricht ist folgende Person verpflichtet, ein Stundenprotokoll der heutigen Stunde und eine Beispielaufgabe zum Thema der Stunde als positiven Unterrichtsbeitrag zu erstellen.

Die **Abgabe des Protokolls** erfolgt unaufgefordert **spätestens in der nächsten Stunde!**

Name: ________________________ Klasse: ________ Datum: ________________

Protokoll mit **mindestens acht Sätzen,** die die heutige Stunde zusammenfassen:

Selbst entwickelte Beispielaufgabe (inklusive Musterlösung) zum Thema der Stunde:

Zur Kenntnis genommen:

____

(Unterschrift der/des Erziehungsberechtigten)

Regeln für eine Streitschlichtung **KV 10**

© Dorina Tessmann

Wenn es in der Klasse zu Streit kommt, solltet ihr euch bei der Schlichtung dieses Konflikts an die folgenden Regeln halten:

- Einige Schüler übernehmen die Rolle der Streitschlichter. Sie sind strikt *neutral* und äußern *keine eigene Meinung*. (An manchen Grundschulen sind einige Schüler bereits zu Streitschlichtern ausgebildet worden. Auch an weiterführenden Schulen gibt es solche Programme. Einige von euch sollten daran teilnehmen.)
- Die Streitschlichter erklären die Ziele der Schlichtung: Zwischen den Streitenden soll so vermittelt werden, dass am Ende eine *gemeinsame Vereinbarung* getroffen werden kann.
- Grundregel I: Während der Streitschlichtung redet immer nur einer. Jeder darf *ausreden*.
- Grundregel II: Jeder *verzichtet darauf*, den anderen *zu kränken* oder *zu beleidigen*.

Die Streitschlichtung läuft folgendermaßen ab:

1. Eine der streitenden Parteien erzählt möglichst sachlich, was vorgefallen ist.
2. Die gegnerische Partei beschreibt den Vorfall – ebenfalls möglichst sachlich – aus ihrer Perspektive.
3. Jede Partei kann sagen, wie sie sich bei dem Vorfall gefühlt hat.
4. Jede Partei schätzt ein, welchen Anteil sie an dem Konflikt hatte.
5. Jede Partei kann sagen, welche anderen Möglichkeiten es gegeben hätte, sich in dem Konflikt zu verhalten.
6. Beide Parteien sprechen darüber, wie sie in Zukunft mit einem solchen Konflikt umgehen könnten.
7. Lösungsmöglichkeiten, auf die sich alle Beteiligten einigen können, werden aufgeschrieben.
8. Die streitenden Parteien einigen sich auf eine Möglichkeit, den Streit friedlich beizulegen, halten die Vereinbarung schriftlich fest und unterschreiben.

Das Klassen-Abc

Aufgabe 1: Warum hat der Lehrer / die Lehrerin reagiert?

Ärgerlicherweise musst du heute aufgrund von unangemessenem Verhalten in der Schule hier sitzen. Was sind deiner Meinung nach die Gründe, warum zu dieser Maßnahme gegriffen wurde? Kannst du diese Gründe nachvollziehen? Beantworte schriftlich auf der Rückseite!

Aufgabe 2: Eine klasse Klasse!

Begründe für jeden Buchstaben des unten abgebildeten Klassen-Abc schriftlich, warum die aufgeführten Beispiele wichtig sind, damit das Lernen in einer Klasse effektiv erfolgen kann und auch noch Spaß macht.

A	Aufgaben in der Klasse übernehmen
B	Benehmen fördert das Lernklima
C	Chaoten die kalte Schulter zeigen
D	Demütigungen anderer verhindern
E	Ereignisse auch mal feiern
F	Fragen im Unterricht erwünscht
G	Gleichberechtigung für alle Klassenmitglieder
H	Handys ausschalten
I	Ideen einbringen
J	jede(n) so akzeptieren, wie er/sie ist
K	konstruktive Kritik äußern (Verbesserungsvorschlag mitliefern)
L	Lernmittel sorgsam behandeln
M	Mitbestimmen heißt, Verantwortung übernehmen
N	neugierig und unvoreingenommen sein
O	ohne Ordnung geht es nicht
P	positiv denken und handeln
Q	Querulanten Grenzen aufzeigen
R	Regeln sind für alle da
S	schlechte Laune nicht an anderen auslassen
T	tolerant sein und andere Meinungen gelten lassen
U	Unterrichtszeit ist nicht Schlafenszeit
V	vertrauensvoll zusammenarbeiten
W	Waffen jeglicher Art werden nicht geduldet
X	xenophil (fremdenfreundlich) statt xenophob (fremdenfeindlich)
Y	YouTube ist kein Ort für heimlich gemachte Videos von Mitschülern
Z	Zusammengehörigkeitsgefühl pflegen

© Dorina Tessmann

Nach einer Idee von: Siga Diepold (Hrsg.): Die Fundgrube für Klassenlehrer. Cornelsen Verlag Scriptor, Berlin 2003, S. 27.

Stärken- und Schwächenprofil

© Dorina Tessmann

Ich bin …	Das muss deutlich besser werden.	Damit bin ich noch nicht ganz zufrieden.	Hier bin ich zufrieden mit mir.
aktiv/anpackend			
ausgeglichen			
belastbar			
entschlossen			
freundlich			
geduldig			
hilfsbereit			
kontaktfreudig			
neugierig			
phantasievoll			
rücksichtsvoll			
selbstbeherrscht			
selbstsicher			
teamfähig			
verantwortungsvoll			
wortgewandt			
zielstrebig			
zuverlässig			

Selbstdiagnose: Darin will ich besser werden!

Fähigkeiten, die ich noch nicht (vollständig) beherrsche und die ich mir aneignen will:	Darum sollte ich mich kümmern:		
	ganz besonders	gelegentlich	Das kann ich schon.
In der Klasse neue Freunde finden.			
Mich ohne Angst im Unterricht melden und beteiligen.			
In und vor der Klasse frei sprechen.			
Anderen aufmerksam zuhören.			
Im Unterrichtsgespräch auch auf andere eingehen und nicht nur an die eigene Meinung denken.			
Die abweichende Meinung anderer respektieren, ohne die eigene Position aufzugeben.			
Mich trauen, etwas zu sagen, auch wenn ich nicht ganz sicher bin.			
Bei Diskussionen geduldig warten, bis ich an der Reihe bin.			
Bei „wilden" Spielen deutlich sagen, was Spiel und was Ernst ist, und rechtzeitig „Stopp!" sagen.			
Die „Stopp!"-Signale anderer beachten und respektieren.			
Wenn ein Streit entsteht, ihn nicht weiter anheizen, sondern zur Schlichtung beitragen.			
Mit anderen in Gruppen erfolgreich zusammenarbeiten.			
Den eigenen Lernfortschritt richtig einschätzen.			
Mich aktiv darum kümmern, Verständnislücken zu schließen.			
Etwas so lernen, dass ich es lange behalte.			
Meinen Tornister selbstständig packen, ohne dass ich etwas vergesse.			

© Dorina Tessmann

Selbstdiagnose: Mein Umgang mit Gefühlen KV 14

© Dorina Tessmann

Fähigkeiten, die ich noch nicht (vollständig) beherrsche und die ich mir aneignen will:	Darum sollte ich mich kümmern:		
	ganz besonders	gelegentlich	Das kann ich schon.
Verstehen, wie positive und negative Gefühle entstehen und was sie bewirken können.			
Verstehen, was bei mir unkontrollierte Gefühlsausbrüche auslöst.			
Lernen, woran man die Gefühle anderer erkennen kann und wie man sie berücksichtigt.			
Lernen, welche Wörter anderer Schüler bei mir negative Gefühle auslösen.			
Lernen, welche Gesten anderer bei mir negative Gefühle auslösen.			
Mich selbstbeherrscht verhalten und nicht dauernd ausflippen.			
Das Verhalten anderer nicht immer als Provokation empfinden und dann ausrasten.			
Wenn andere provozieren, nicht mit Wut darauf reagieren, sondern das Spiel durchschauen.			
Mit persönlichen Enttäuschungen und Frustrationen angemessen umgehen.			
Bei eigenem Versagen über mich nachdenken und nicht die Wut an anderen auslassen.			
Wutgefühlen, deren Ursachen nicht in der Schule liegen, dort nicht einfach freien Lauf lassen.			
Auf Ungerechtigkeiten nicht mit Gefühlsausbrüchen antworten, sondern sachlich mit Argumenten.			
Mithilfe von Entspannungstechniken mit schwierigen Gefühlen umgehen: ☐ Mich selbst vor emotionalen Ausbrüchen bewahren, indem ich mir sage: „Ich bin stark, ich bleibe erst mal ruhig!", ☐ Mich selbst vor dem Ausflippen bewahren, indem ich mir statt eines Wutausbruchs eine witzige Bemerkung einfallen lasse.			

Fragebogen: Persönliche Arbeitstechnik

© Dorina Tessmann

Fähigkeiten, die ich noch nicht (vollständig) beherrsche und die ich mir aneignen will:	Darum sollte ich mich kümmern:		
	ganz besonders	gelegentlich	Das kann ich schon.
Meinen Arbeitsplatz so herrichten,dass es Spaß macht zu lernen.			
Mich beim Lernen nicht ablenken lassen und bei der Sache bleiben.			
Den Überblick über meine Unterlagen behalten, sodass ich alles schnell wiederfinde.			
Im Unterricht zu wichtigen Informationen aus eigenem Antrieb Notizen machen.			
Beim Schreiben von Texten Flüchtigkeitsfehler vermeiden.			
Mich besonders um das kümmern, was ich noch nicht verstanden habe.			
Im Unterricht Fragen stellen, wenn ich etwas noch nicht (ganz) verstanden habe.			
Meine Hefte so übersichtlich führen, dass es Spaß macht, wichtige Informationen nachzulesen.			
Das Wesentliche eines Textes direkt beim ersten Lesen erfassen.			
Mich in schwierige Textstellen vertiefen, bis ich sie ganz verstanden habe.			
Etwas für längere Zeit behalten, was ich im Unterricht erfahren bzw. durchgelesen habe.			
Aufgaben zeitnah erledigen und nicht immer wieder aufschieben.			
In der Schule und zu Hause die Arbeitszeit sinnvoll einteilen und planvoll vorgehen.			
Mich selbstständig darum kümmern, dass ich den Überblick über größere Stoffgebiete behalte.			
Vokabeln, wichtige Regeln, Wissensübersichten usw. wiederholen, wenn ich Zeit habe.			
Rechtzeitig vor Klassenarbeiten, Prüfungen usw. herausfinden, ob ich alles Nötige weiß.			

Raster zur Heftstrukturierung

Ist dein Heft unübersichtlich?

Teile jede Heftseite folgendermaßen auf und nutze diese Aufteilung sinnvoll, damit du dich in deinem eigenen Heft schnell orientieren kannst.

1 Hier schreibst du deine Sätze und Texte möglichst leserlich. Mache nach jedem Abschnitt einen Absatz. Beginnt ein neues Thema, lässt du mehrere Zeilen frei.

3 Oben auf der Seite notierst du das Thema, also das, worum es auf dieser Seite geht.

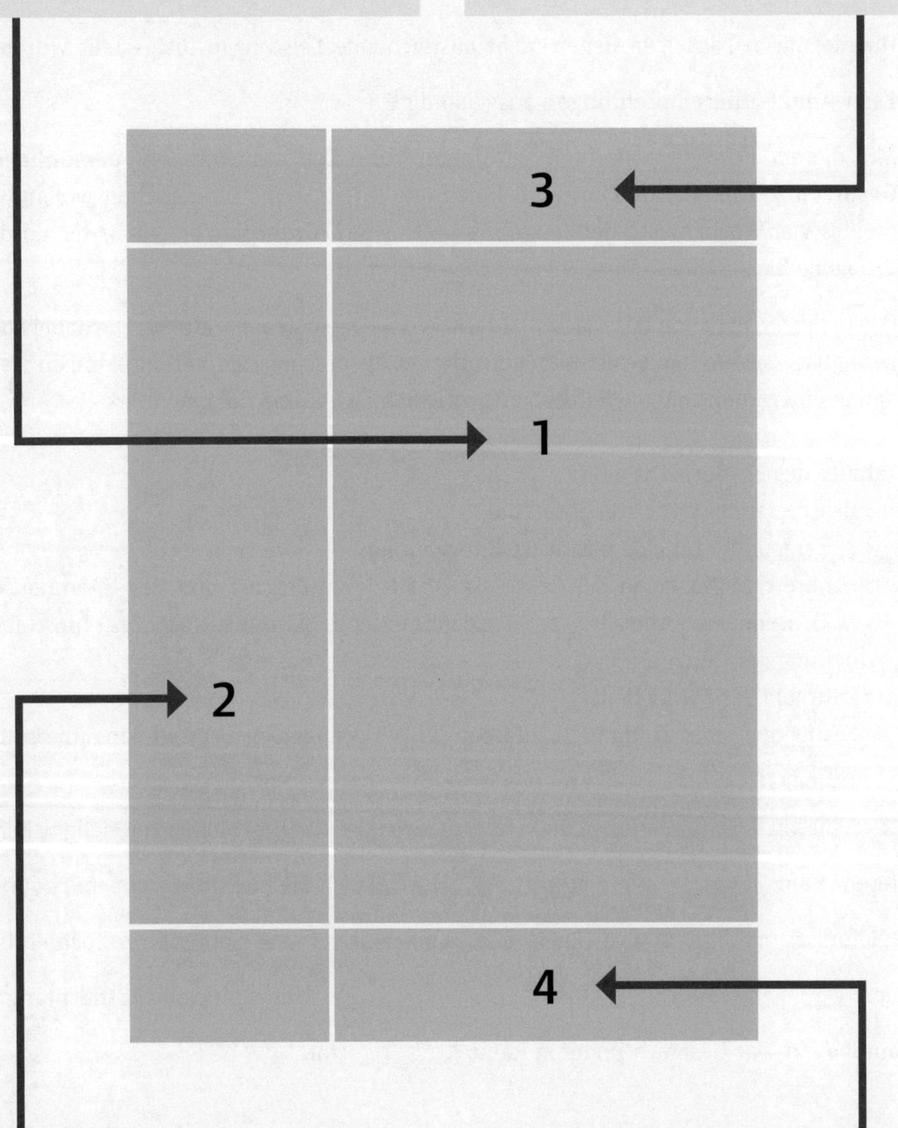

2 An den Rand schreibst du zwei bis vier zentrale Begriffe, die auf dieser Seite vorkommen. So findest du später schnell wichtige Informationen wieder.

4 Hier notierst du Fragen, die du beim Durchlesen der Seite nicht klären konntest. Du solltest sie bald im Unterricht stellen, damit du Klarheit bekommst.

Einladung zum Förderplangespräch

Datum: ______________

Sehr geehrte Frau ____,

sehr geehrter Herr ____,

gemäß Ausbildungs- und Prüfungsordnung unterbreitet die Schule Schülerinnen und Schülern, bei denen bereits zum Zeitpunkt des Halbjahreszeugnisses eine Versetzung am Ende des Schuljahres gefährdet erscheint, ein Angebot zur individuellen Förderung.

Mit dem Halbjahreszeugnis wurden Ihrem Sohn / Ihrer Tochter ________________

für diejenigen Fächer, in denen nicht ausreichende Leistungen festgestellt wurden,

Lern- und Förderempfehlungen ausgehändigt.

Mit diesem Schreiben möchten wir Ihnen zusätzlich anbieten, ein **persönliches Gespräch** zu führen. Zusammen mit Ihnen und Ihrem Sohn / Ihrer Tochter wollen wir drei bis vier Wochen nach der Zeugnisausgabe einen **Förderplan** erstellen, der auf die Probleme Ihres Sohnes / Ihrer Tochter abgestimmt ist.

Das Gespräch wird von der Klassenlehrerin/vom Klassenlehrer geführt. Die dabei aufgezeigten Aspekte und gemeinsam getroffenen Absprachen und Vereinbarungen werden in einem mehrseitigen Förderplan schriftlich fixiert und dokumentiert.

Inhalte des Förderplans sind:

- Beschreibung der Leistungsdefizite,
- Ansatzpunkte für eine positivere Entwicklung,
- konkrete Maßnahmen der Schule (z. B. Förderunterricht) und des Elternhauses (z. B. besondere Kontrollen, professionelle externe Beratung, Nachhilfe) zur Aufarbeitung der Defizite,
- Zeitraum des Förderplans,
- Festlegung eines Zeitpunkts, zu dem die Wirksamkeit des Förderplans überprüft wird.

Nach diesen Vorinformationen und auf der Grundlage des Beschlusses der Zeugniskonferenz vom ________________________ lade ich Sie hiermit – wie bereits vorab telefonisch mit Ihnen abgestimmt – zusammen mit Ihrem Sohn / Ihrer Tochter für den ______________, um ______________ Uhr zu einem **Förderplangespräch** ein. Das Gespräch findet in Raum _______ statt.

Mit freundlichen Grüßen

____

(Klassenlehrer/in)

Elternbrief: Klassenfahrt

Datum: ________________

Liebe Eltern der Schülerinnen und Schüler der Klasse ____,

für die Kinder unserer Klasse ist geplant, demnächst eine mehrtägige Klassenfahrt durchzuführen, die in der Regel drei Tage (zwei Übernachtungen) umfasst. Über diese Fahrt muss frühzeitig entschieden werden, da begehrte Jugendherbergen schnell ausgebucht sind.
Eine Klassenfahrt soll den Kindern in erster Linie Freude bereiten, spannende Aktivitäten bieten und vor allem die Klassengemeinschaft stärken und außergewöhnliche Gruppenerlebnisse ermöglichen. Nach Auswertung der Angebote verschiedener Jugendherbergen beabsichtigen wir, mit unseren Schülern folgende Fahrt durchzuführen:

- Reisezeitraum: ____________________ bis ____________________
- Jugendherberge: ____
- pädagogisches Begleitprogramm: ______________________________
- Vorläufige (!) Kostenkalkulation für Busfahrt, Herberge mit Verpflegung, pädagogisches Begleitprogramm, evtl. Eintritts-/Führungsgelder:

  ca. __________ Euro pro Person.

An unserer Schule verfolgen wir das Ziel, dass niemand aus finanziellen Gründen auf eine Klassenfahrt verzichten muss. Für Notfälle besteht die Möglichkeit, Fahrtkostenzuschüsse zu beantragen. Selbstverständlich werden Anträge vertraulich behandelt. Bitte wenden Sie sich gegebenenfalls an uns.

Bevor wir die Jugendherberge endgültig buchen, möchten wir uns nun kurz bei Ihnen rückversichern, ob Sie als Eltern mit diesen Rahmendaten und der Übernahme der anfallenden Kosten einverstanden sind. Füllen Sie dazu bitte den unteren Abschnitt aus.

Herzlichen Dank für Ihre Mithilfe!
Mit freundlichen Grüßen

✂ -

____

(Name des Kindes)

Ich bin/wir sind mit Ihren Vorschlägen vom __________ zur Klassenfahrt

einverstanden/nicht einverstanden (nicht Zutreffendes bitte streichen).

______________________ ______________________________________

Datum (Unterschrift der/des Erziehungsberechtigten)

Schüler-/Elternverpflichtung

ERKLÄRUNG

1. Hiermit stimme ich zu, dass mein Kind,

   NAME: ______________________ VORNAME: ______________________

   an der geplanten Klassenfahrt nach: ______________________

   vom ______________ bis ______________ teilnimmt.

2. Ich werde die Fahrtkosten in Höhe von ca. _______ Euro zum gegebenen Zeitpunkt zahlen. Im Falle eines Rücktritts von der Fahrt komme ich für die Kosten auf, die in diesem Zusammenhang bereits entstanden sind.
3. An den während der Fahrt als Pflichtveranstaltung genannten Terminen und Ausflügen wird mein Kind teilnehmen. Mir ist bekannt, dass es nur während der Schulveranstaltungen unter dem Schutz der schulischen Versicherung steht. Ich erlaube meinem Kind, sich nach Abmeldung bei der Lehrkraft in einer Dreiergruppe ohne direkte Aufsicht durch den Ort zu bewegen.
4. Ich berechtige die/den begleitende/n Lehrer/in, die Einwilligung zu einer von Ärzten für notwendig gehaltenen Einweisung ins Krankenhaus oder zu einer Operation zu geben, falls die Erziehungsberechtigten dazu nicht kurzfristig gehört werden können.
5. Bei groben Verstößen gegen die Anordnungen der Begleiter/innen werde ich mein Kind umgehend vom Ort der Klassenfahrt abholen und die entstehenden Kosten und Mühen übernehmen.
6. Bei etwaigen Sachschäden besteht seitens der Begleiter/innen keine Verpflichtung, für die entstandenen Kosten in Vorlage zu gehen. Sollte diese jedoch gewährt werden, verpflichte ich mich, innerhalb von drei Tagen nach Abschluss der Fahrt die Kosten inklusive aller Nebenkosten umgehend zu erstatten.
7. Mein Kind ist bei der folgenden Krankenkasse versichert:

   Versicherungsgesellschaft: ______________________

   Versicherungsnummer: ______________________

8. Folgende Medikamente müssen regelmäßig eingenommen werden:

   ____

9. Notfalladresse:

   NAME: ______________________

   ANSCHRIFT: ______________________

   TELEFON/HANDY: ______________________

10. Sonstiges: ______________________

______________________ ______________________

Datum (Unterschrift der/des Erziehungsberechtigten)

Checkliste: Klassenpflegschaftssitzung KV 20

Vor der Sitzung

- Habe ich die Anwesenheitsliste dabei?
- Habe ich den Protokollvordruck dabei?
- Habe ich in ausreichender Menge Wahlzettel dabei?
- Habe ich die Einverständniserklärungen zur Vorsitzendenwahl dabei?
- Habe ich – falls angekündigt – Informationen über Unterrichtsinhalte dabei? (Eventuell auf die Homepage der Schule verweisen, falls auf ihr die schulinternen Lehrpläne zu allen Fächern zu finden sind.)

Zu Beginn der Sitzung

- Habe ich die fristgerechte Einladung festgestellt?
- Hat sich ein Elternteil gefunden, der das Protokoll anfertigt?
- Habe ich eine E-Mail-Liste in Umlauf gegeben?
- Habe ich die Anwesenheitsliste herumgegeben?

Zum Ende der Sitzung

- Haben alle die Anwesenheitsliste unterzeichnet und mir zurückgegeben?
- Habe ich die Einverständniserklärungen zu den Wahlen eingeholt?
- Habe ich das Protokoll zur Sitzung erhalten?

Notizen zu sonstigen wichtigen Informationen

Elterninformation: Fehlende Hausaufgaben/Materialien

KV 21

Datum: ________________

Sehr geehrte/r Erziehungsberechtigte/r,

Ihre Tochter/Ihr Sohn ________________________, Klasse ______, hat zum wiederholten Mal die Hausaufgaben/Materialien im Fach ______________________________ unvollständig/lückenhaft / überhaupt nicht dabei gehabt. Dies wurde auch im Klassenbuch vermerkt.

Wir weisen Sie darauf hin, dass durch dieses Versäumnis der Lernerfolg gefährdet wird, und bitten Sie daher, stärker darauf zu achten, dass sich Ihr Kind sorgfältig und gewissenhaft auf den Unterricht vorbereitet.

Für Rückfragen stehen wir Ihnen bei Bedarf gerne zur Verfügung.

Mit freundlichen Grüßen

__________________________ __________________________

Klassenlehrer(in) Fachlehrer(in)

Zusätzliche Bemerkungen:

____

____

____

✂ -

(Bitte hier abtrennen und der/dem Klassenlehrer/in zurückgeben.)

Die Information vom __________________ bezüglich der fehlenden Hausaufgaben/ Materialien meiner Tochter / meines Sohnes ______________________________, Klasse ______ im Fach ________________________ habe ich zur Kenntnis genommen.

__________________________ __________________________

Ort, Datum (Unterschrift der/des Erziehungsberechtigten)

Elterninformation: Nacharbeiten KV 22

Datum: ________________

Sehr geehrte/r Erziehungsberechtigte/r,

hiermit muss ich Sie darüber informieren, dass das Arbeits-/Sozialverhalten Ihrer Tochter / Ihres Sohnes __________________ im Fach __________________ derzeit nicht angemessen ist und zu Beanstandungen seitens des Fachlehrers geführt hat.

Zum wiederholten Mal …

- ☐ wurden die Hausaufgaben nicht bzw. nicht angemessen erledigt.
- ☐ verhinderten Unaufmerksamkeiten ein erfolgreiches Lernen.
- ☐ wurden verbindliche Absprachen nicht eingehalten.
- ☐ fiel Ihr Kind durch nicht akzeptables Verhalten gegenüber Mitmenschen negativ auf.

Deshalb ist Ihr Kind verpflichtet, verpassten Unterrichtsstoff nachzuarbeiten bzw. sich in Ruhe Gedanken über das eigene Verhalten zu machen. Diese zusätzliche Arbeitszeit wird stattfinden

am ____________________, dem ____________________,

von __________ bis __________ Uhr in Raum __________.

Ich bitte Sie – zusätzlich zur Kenntnisnahme dieser Information – auch um Ihre Unterstützung, indem Sie ebenfalls ein klärendes Gespräch mit Ihrem Kind führen.

Mit freundlichen Grüßen

______________________________ ______________________________

Klassenlehrer(in) Fachlehrer(in)

✂ --

Ich habe den Brief bzgl. des Arbeits-/Sozialverhaltens und Nacharbeitens meiner Tochter / meines Sohnes __________________ vom ______________ zur Kenntnis genommen.

______________________________ ______________________________

Ort, Datum (Unterschrift der/des Erziehungsberechtigten)

Checkliste: Zeugnisse schreiben KV 23

Vor der Zeugniskonferenz

- Haben alle Kollegen ihre Noten für die Klasse eingetragen?
- Habe ich die Fehlstunden (entschuldigt und unentschuldigt) für alle Schüler für das ganze Halbjahr addiert (eventuell mithilfe der Schüler im Klassenplenum)?
- Habe ich bei den entsprechenden Schülern notiert, welche Sonderaufgaben sie wahrgenommen haben (Klassensprecher, Klassenbuchführer usw.)?
- Habe ich von den Kollegen die Informationen erhalten, welche Schüler mit welchem Erfolg an welchen Arbeitsgemeinschaften teilgenommen haben?
- Habe ich die nötigen Informationen, welches Kind eventuell im Rahmen von muttersprachlichem Unterricht eine weitere Sprache außerhalb der Schule gelernt hat?
- Möchte ich bei bestimmten Kindern der Zeugniskonferenz Vorschläge zu Zeugnisbemerkungen (zum Sozial- und Arbeitsverhalten) machen?
- Habe ich die Noten aller Schüler in das mir zur Verfügung gestellte Zeugnisprogramm eingetragen?
- Habe ich den Kontrollausdruck des für den Zeugnisdruck zuständigen Kollegen erhalten und auf Korrektheit geprüft?

Nach dem Zeugnisdruck

- Habe ich überprüft, ob in den Zeugnisausdrucken alle Angaben richtig sind?
- Habe ich die Zeugnisausdrucke alle rechtzeitig mit Namen und Dienstgrad unterschrieben? (Die Zeugnisse müssen auch noch von der Schulleitung unterschrieben werden!)

Gesprächsleitfaden: 1. Erprobungsstufenkonferenz

KV 24

Gesprächsinhalte

1. **Allgemeine Entwicklung der Klasse**
   a. Kurzer Bericht der Klassenlehrerin/des Klassenlehrers
   b. Kurze Kommentare der übrigen Fachlehrer/innen

2. **Schüler/innen mit Leistungsdefiziten oder ausreichenden Leistungen**
   a. Erörterung von Hintergründen (u. a. Empfehlungen der Grundschulen)
   b. Eintragungen in die Klassenliste „Förderunterricht"

3. **Schüler/innen, die in der Schulform eventuell überfordert sein könnten**
   a. Notiz im Protokollbuch
   b. Eventuell Auftrag an die/den Klassenlehrer/in, beim nächsten Elternsprechtag entsprechende Gespräche zu führen

4. **Schüler/innen mit besonderen Begabungen**
   a. Empfehlungen zur individuellen Förderung im schulischen Rahmen
   b. Empfehlungen zur individuellen Förderung außerhalb der Schule

To-do-Liste: Klasse 5 (1. Seite)

KV 25

Vorhaben	Zeitpunkt	Vorbereitung
Kennenlernnachmittag	im alten Schuljahr	Kennenlernspiele, Getränke usw. rechtzeitig besorgen.
Mitwirkung bei der Aufnahmefeier	1. Schultag	Part während der Feier im alten Schuljahr rechtzeitig abklären.
eventuell Betreuung der Fahrschüler der Klasse durch Busaufsichten	1. Schulwoche	Mit anderen Klassenlehrern ein Konzept erarbeiten, das bei den ersten Anzeichen von Problemen wirksam werden kann.
Sitzordnung	1. Schulwoche	Die Klasse in den ersten Tagen genau beobachten und einen Vorschlag für eine Sitzordnung erarbeiten, die zur Klasse passt.
Festlegung Klassenbuchführung	1. Schulwoche	Rechtzeitig Erkundigungen einholen, wer eventuell bereits in der Grundschule Erfahrungen mit der Klassenbuchführung gemacht hat.
Rallye durch die Schule	in den ersten Wochen	Einige Tage vorher Materialien kopieren und für jede Rallye-Gruppe vorbereiten.
Festlegung von Verhaltensregeln	in den ersten Wochen	Einige Tage vorher Poster besorgen.
Wahl des Klassensprechers	in den ersten Wochen	Da die Schüler zur Wahl eines Kandidaten aus der eigenen Grundschulklasse neigen, mit Kennenlernspielen vor der Wahl für eine Öffnung der Schülerhorizonte sorgen.
1. Sitzung der Klassenpflegschaft	in den ersten Wochen	Einige Tage vorher im Sekretariat Unterlagen besorgen und eventuell mit dem zuständigen Koordinator den Ablauf klären (eventuell mit anderen Klassenlehrern der Stufe Zielorte und das Programm für eine Klassenfahrt vorklären).
Vorbereitung einer Klassenfahrt		Ziel und Programm festlegen, Begleitperson(en) finden, Elterninformation verfassen und Genehmigungen einholen.
Wandertag	meist gemeinsamer Termin für alle Klassen einer Jahrgangsstufe	Einige Wochen vorher bei gemeinsamen Unternehmungen mehrerer Klassen Absprachen mit Kollegen treffen; genaue Klärung des Ablaufs mit der Klasse.
1. Erprobungsstufenkonferenz (EP)	im ersten Halbjahr	Das Moderationskonzept mit dem zuständigen Koordinator rechtzeitig absprechen und vorbereiten.
Kennenlernabend mit Eltern	meist zentral von der Schule vorgegeben	Rechtzeitige Vorbereitung des Programms (dabei für Entlastung des ersten Elternsprechtages sorgen).

To-do-Liste: Klasse 5 (2. Seite) KV 25

Vorhaben	Zeitpunkt	Vorbereitung
Elternsprechtag	1. Halbjahr	Den meist im Sekretariat erhältlichen Vordruck für Elterntermine immer zur Hand haben. Viel Zeit für den zu erwartenden Andrang von Eltern aus Klasse 5 einplanen.
Zeugniskonferenz (Halbjahreszeugnis, 2. EP)		In den Tagen vorher die Noteneintragungen der Kollegen kontrollieren und eventuell einfordern.
3. EP		Einige Wochen vorher eventuell für die Einladung der Grundschullehrer sorgen. Das Moderationskonzept mit dem zuständigen Koordinator rechtzeitig absprechen und vorbereiten.
Wahl der 2. Fremdsprache vorbereiten	2. Halbjahr	Empfehlungen der Sprachen- und Deutschlehrer einholen und für den Elternsprechtag aufbereiten.
Elternsprechtag	2. Halbjahr	Eltern ausgewählter Schüler gezielt zu einem Gespräch einladen.
Zeugniskonferenz (4. EP)	Schuljahresende	In den Tagen vorher die Noteneintragungen der Kollegen kontrollieren bzw. einfordern.

To-do-Liste: Klasse 6

Vorhaben	Zeitpunkt	Vorbereitung
Klassenbuchführer bestimmen, Sitzordnung festlegen, Klassensprecher wählen lassen.	in den ersten Schultagen	Einen Schüler bestimmen, der Lust hat, diese Aufgabe zu übernehmen.
1. Sitzung der Klassenpflegschaft	in den ersten Wochen	Einige Tage vorher im Sekretariat Unterlagen (Anwesenheitsliste, Protokollvordruck usw.) besorgen.
Klassenfahrt	Termin wird meistens für die komplette Jahrgangsstufe festgelegt	Ziel und Programm festlegen, Begleitperson(en) finden, Elterninformation verfassen und Genehmigungen einholen, Verhaltensregeln mit Schülern durchsprechen, Zimmerverteilung mit Schülern klären, Reinigungs- und eventuell Küchendienste festlegen.
Elternsprechtag	1. Halbjahr	Den meist im Sekretariat erhältlichen Vordruck für Elterntermine immer zur Hand haben und dort mit Namen und Uhrzeit notieren. Mit ausgewählten Eltern über die Perspektiven für ihre Kinder sprechen.
5. Erprobungsstufenkonferenz (EP)	1. Halbjahr	Im dreigliedrigen Schulsystem für Schüler, die Leistungsdefizite aufweisen, rechtzeitig mit allen Fachlehrern die Wahrscheinlichkeit des Verbleibs an der Schule klären.
Zeugniskonferenz (Halbjahreszeugnis, 6. EP)	Ende des 1. Halbjahres	In den Tagen vorher die Noteneintragung der Kollegen kontrollieren oder einfordern.
7. EP		Entscheidung über Verbleib an der Schulform vorbereiten.
Elternsprechtag	2. Halbjahr	Gespräche mit denjenigen Eltern vorbereiten, für deren Kinder ein Schulformwechsel infrage kommt.
Elterninformation über eventuell bevorstehenden Schulformwechsel	rechtzeitig vor Schuljahresende (rechtliche Fristen einhalten)	Die gesetzlich / per Erlass vorgegebenen Fristen für die Elterninformation überprüfen.
Zeugniskonferenz (8. EP)	Schuljahresende	Erstmaliges Versetzungsverfahren. In den Tagen vorher die Noteneintragung der Kollegen kontrollieren bzw. einfordern.

7. EP zum Verbleib in der Schulform KV 27

Die letzte Erprobungsstufenkonferenz vor der Versetzungskonferenz in der Klassenstufe 6 hat eine besondere Funktion: Spätestens in dieser Klassenkonferenz muss gründlich beraten werden, welche Schüler aufgrund nicht ausreichender Leistungen das Klassenziel vermutlich nicht schaffen werden. Einzelheiten sind in Landeserlassen geregelt. Die folgenden Verfahrensschritte sollten Sie nicht vergessen:

In der Konferenz

1. Prüfung, ob die Schulform gewechselt werden soll oder nicht.
2. Vorbereitung der Entscheidung, ob in der folgenden Zeugniskonferenz bei Nichtversetzung eine Wiederholung empfohlen werden soll oder nicht. (In NRW ist z. B. nach der Ausbildungs- und Prüfungsordnung Sekundarstufe I (APOSI) der Übergang in eine andere Schulform vorgesehen.)

Nach der Konferenz

1. Unmittelbar im Anschluss an die Konferenz entsprechende Mitteilung an die Eltern (z. B. in NRW mindestens sechs Wochen vor Schuljahresende) und Anbieten eines Beratungstermins zur Wahl der zukünftigen Schule.
2. Nach Beratung mit den Eltern Mitteilung des Klassenlehrers an den zuständigen Koordinator der Schule.

Klasse 6

Die folgenden Schüler/innen werden voraussichtlich auf Beschluss der Versetzungskonferenz zu einer anderen Schule wechseln (müssen):

Name	Fächer mit zzt. nicht ausreichenden Leistungen	Elterninformation erfolgte am	Von den Eltern gewünschte Schule

Elternbrief: Verbleib in der Schulform gefährdet!

KV 28

Datum: ________________

Sehr geehrte Frau ____,

sehr geehrter Herr ____,

die Erprobungsstufenkonferenz der Klasse 6 ____ ist am ____________________

zu der Einschätzung gelangt, dass die Leistungen Ihrer Tochter / Ihres Sohnes

____________________ in einer Reihe von Fächern eine Versetzung in Klasse 7

am Ende des Schuljahres unwahrscheinlich erscheinen lassen. Gleichzeitig halten die Lehrerinnen und Lehrer der Klasse es für wahrscheinlich, dass sie am Ende des Schuljahres keine Empfehlung für eine Wiederholung der Klasse 6 aussprechen werden. Für diesen Fall sieht die „Ausbildungs- und Prüfungsordnung Sekundarstufe I" vor, dass Ihr Kind die Schulform wechselt.

Ich bitte Sie, möglichst bald mit mir einen Beratungstermin zu vereinbaren. Gegenstand unserer Überlegungen sollte die Klärung der Frage sein, an welcher Schule der Bildungsweg Ihres Kindes erfolgreich fortgesetzt werden kann. Der zuständige Koordinator unserer Schule wird dann mit der von Ihnen gewünschten Schule Kontakt aufnehmen, deren Aufnahmekapazitäten erfragen und eventuell die Übergangsmodalitäten klären.

Mit freundlichen Grüßen

____

Klassenlehrer(in)

13 Literaturhinweise

BASTIAN, JOHANNES: Klassenführung. Zur Gestaltung eines Rahmens für lernförderliche Arbeitsbedingungen – partizipativ, kooperativ und individuell. In: Pädagogik, 1/2016, S. 6–9.

BECKER, STEFFI: Ideen zur Gestaltung der ersten Wochen in meiner Klasse. Verbindlichkeiten schaffen, Verantwortung teilen, demokratische Strukturen einführen. In: Pädagogik, 3/2012, S. 20 f.

BRENNER, GERD / BRENNER, KIRA: Lernen lehren. Methoden für alle Fächer. Sekundarstufe I und II, 2. überarb. Aufl. mit Zusatzmaterialien und CD-ROM, Berlin 2011.

BRENNER, GERD: Lernen lehren. Methoden für Deutsch und Fremdsprachen. Sekundarstufe I und II, 2. überarb. Aufl. mit Zusatzmaterialien und CD-ROM, Berlin 2011.

FRIEDRICHS, BIRTE / SCHUBERT, NELE: Das Klassenlehrer-Buch für die Sekundarstufe, Weinheim und Basel 2013.

FRIEDRICHS, BIRTE: Praxisbuch Klassenrat. Gemeinschaft fördern, Konflikte lösen, 2. Aufl., Weinheim und Basel 2014.

FRIEDRICHS, BIRTE: „Wir berufen den Klassenrat ein!" Klassenleitung durch Partizipation. In: Pädagogik, 1/2016, S. 25–28.

HENNING, CLAUDIUS / EHINGER, WOLFGANG: Das Elterngespräch in der Schule. Von der Konfrontation zur Kooperation, 5. Aufl., Donauwörth 2010.

HAAG, LUDWIG / STREBER, DORIS: Klassenführung. Erfolgreich unterrichten mit Classroom-Management, Weinheim und Basel 2012.

HANNEFORTH, DIRK: KlassenSpiele: Klassenfahrten, Seelze 2014.

HOEGG, GÜNTHER: SchulRecht! Aus der Praxis – für die Praxis, 4. Aufl., Weinheim 2010.

JANSEN, PETER: Erste-Hilfe-Koffer: Klassenlehrer. To-dos, Checklisten, Vorlagen, Berlin 2013.

JANSEN, PETER / PIEPENBROCK, JÜRGEN: Erste-Hilfe-Koffer: Klassenfahrten und Wandertage durchführen. To-dos, Checklisten, Vorlagen, Berlin 2015.

KILLUS, DAGMAR / PASEKA, ANGELIKA (Hrsg.): Mit Eltern zusammenarbeiten, Berlin 2014.

KOHN, MARTIN: 99 Tipps: Erfolgreiche Elternarbeit Sek. I, Berlin 2011.

MITTELSTÄDT, HOLGER: 99 Tipps für Klassenlehrer, Berlin 2012.

MÖSS, LYDIA: Klasse leiten und begleiten. Sieben Tipps – nicht nur für Berufseinsteiger. In: Pädagogik, 3/2012, S. 8–10.

WILD, ELKE / LORENZ, FIONA: Elternhaus und Schule, Paderborn 2010.

14 Register